I0494279

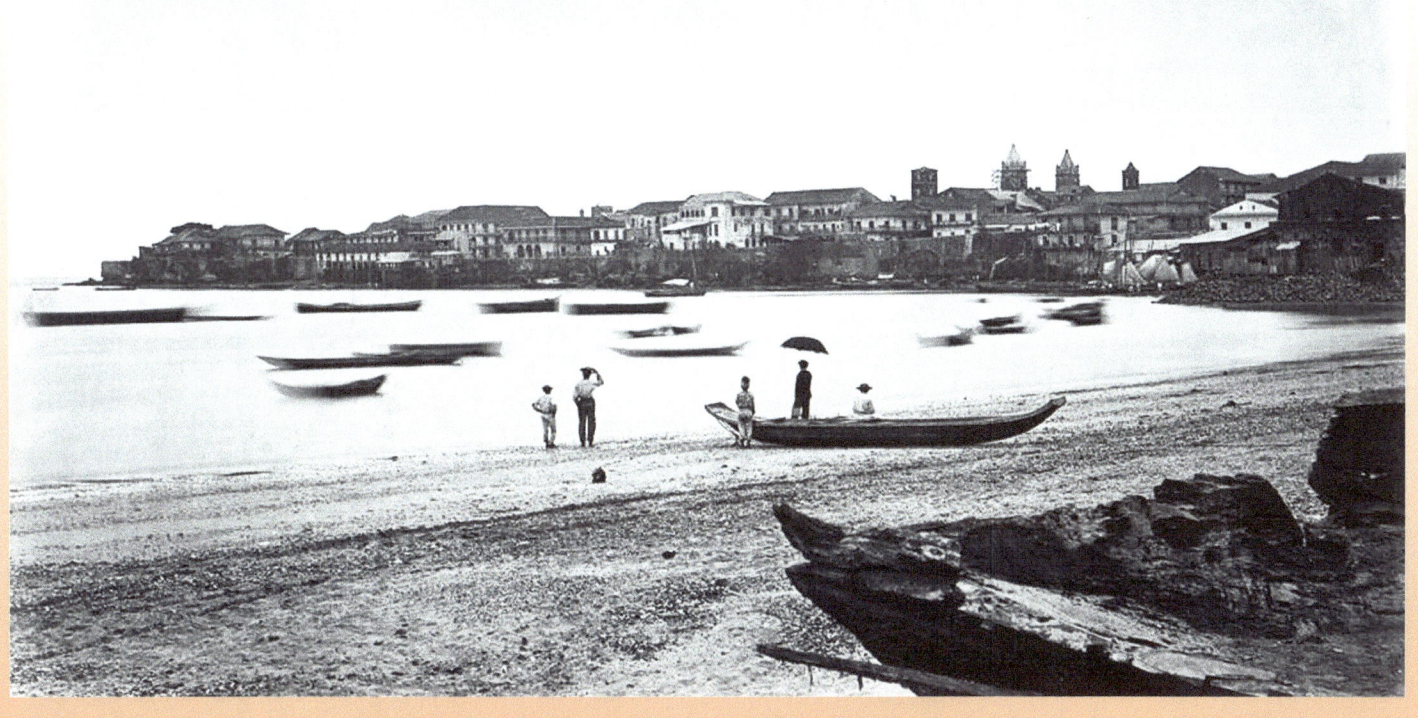

Casco Antiguo desde la Cinta Costera

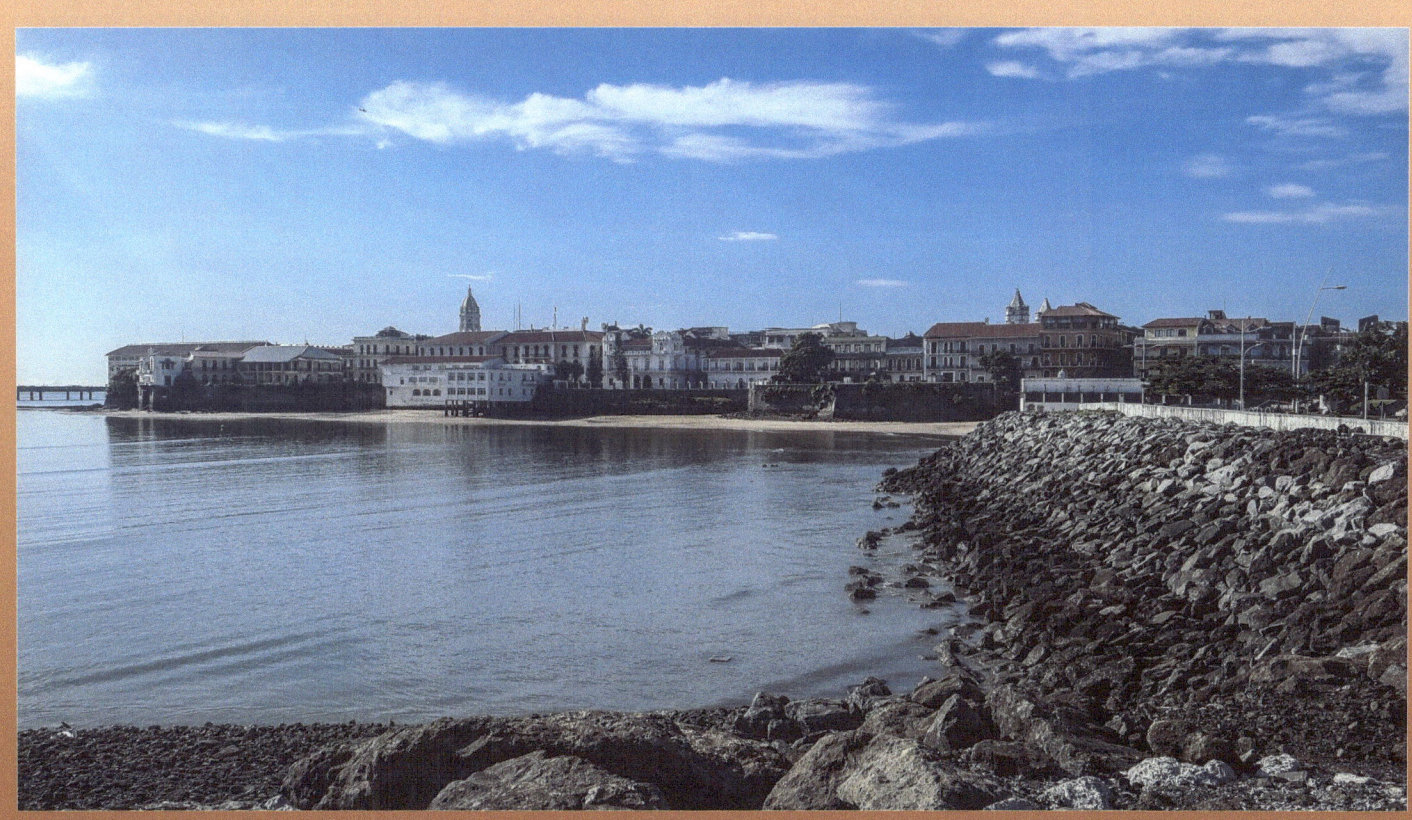

Church of San Jose

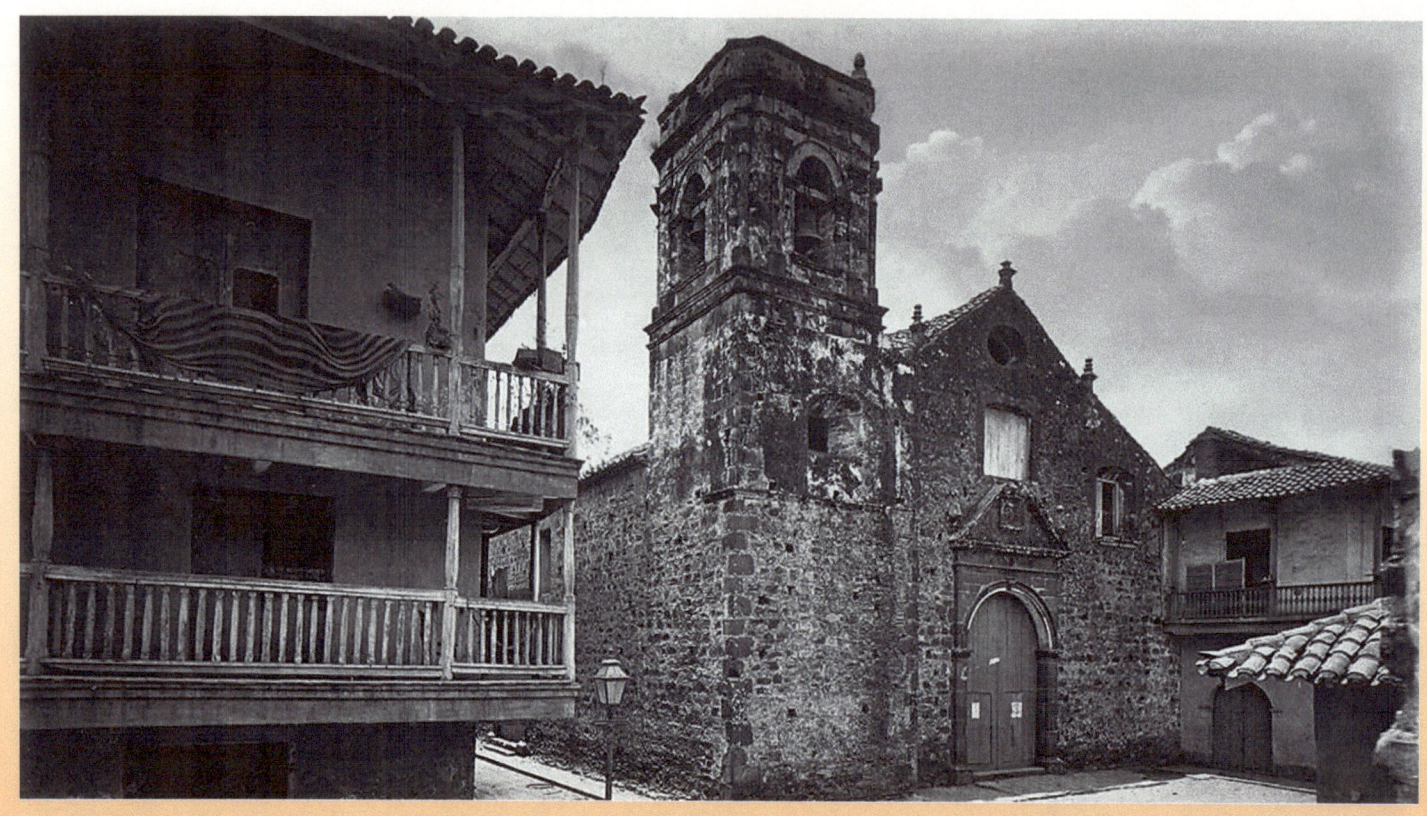

Iglesia de San José

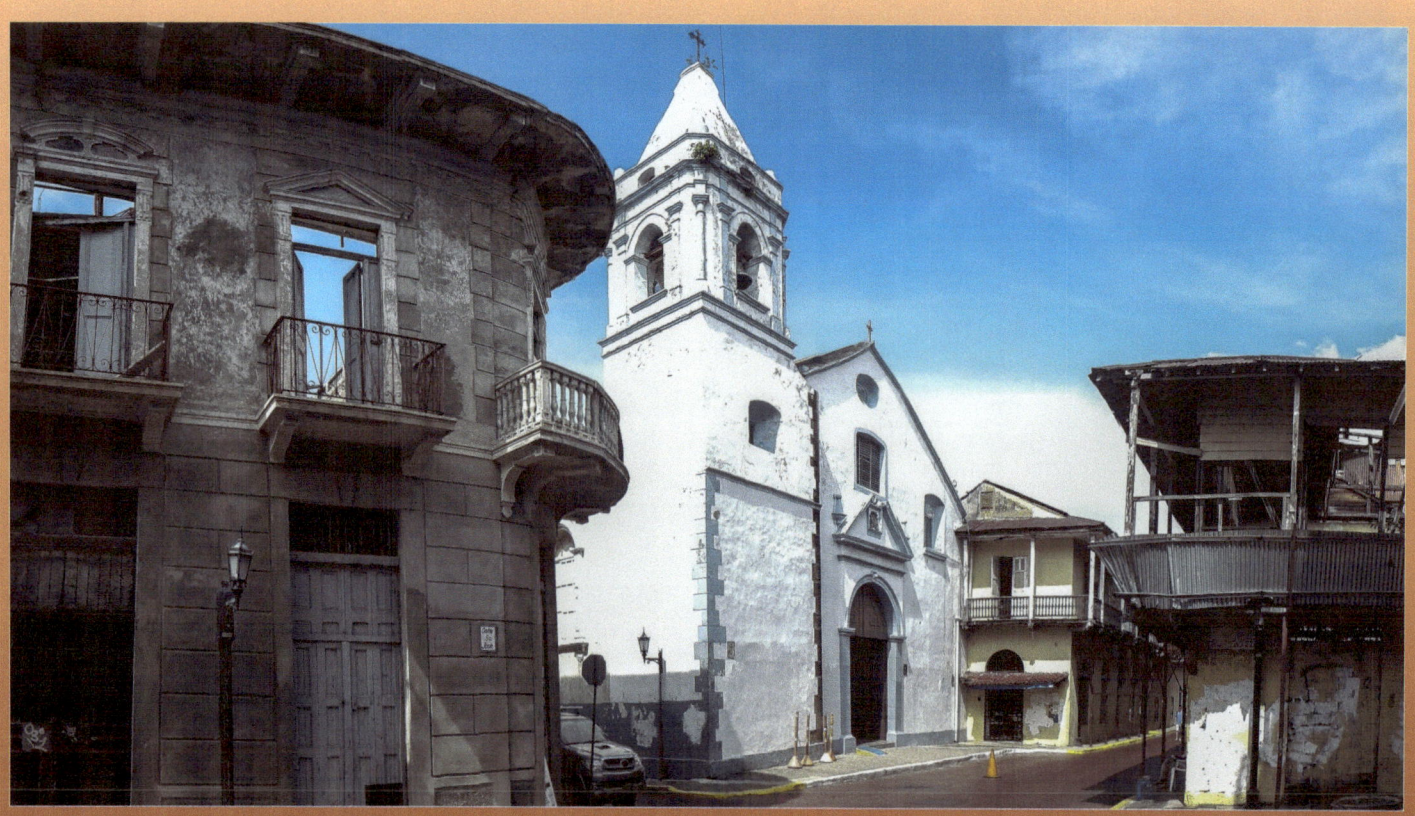

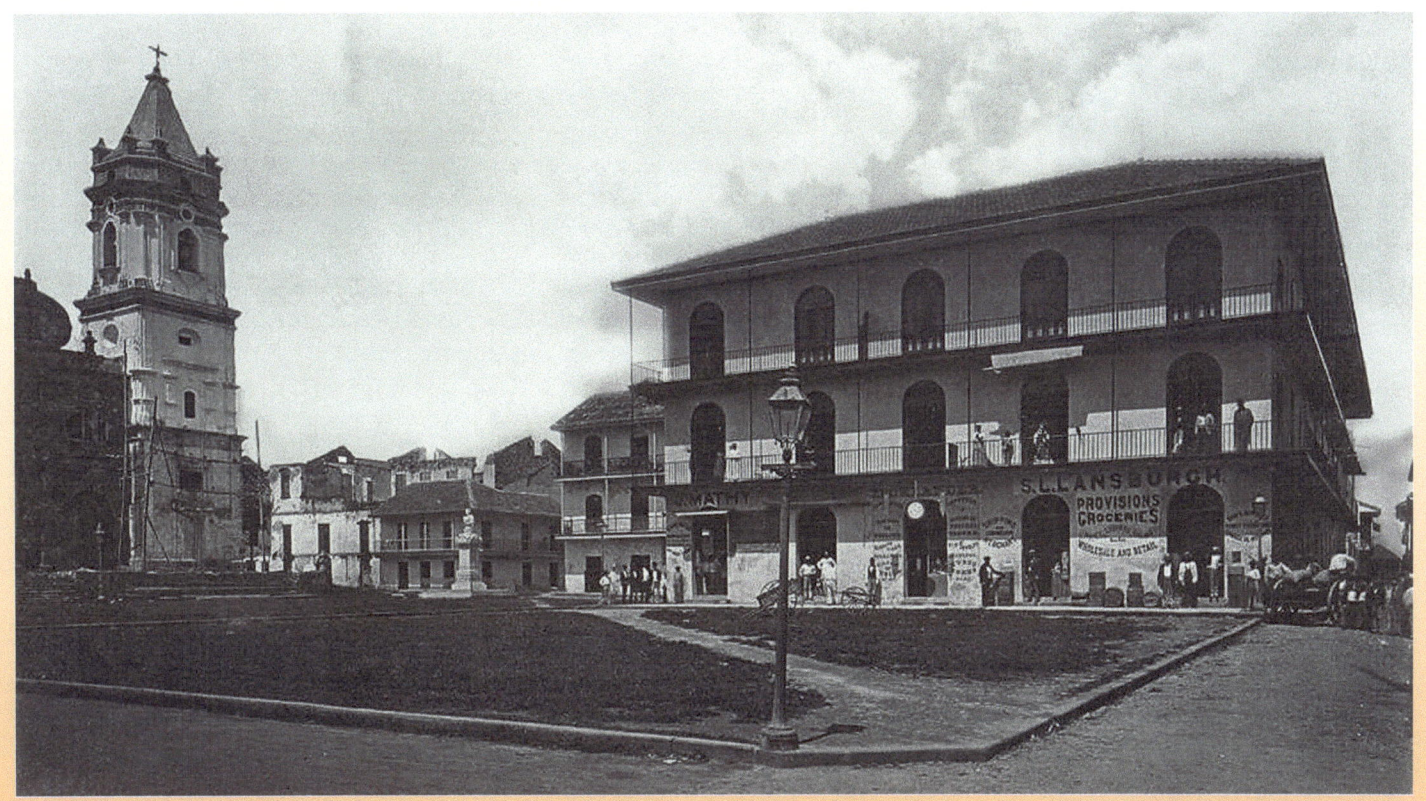

Plaza de la Independencia, Mayor o de la Catedral

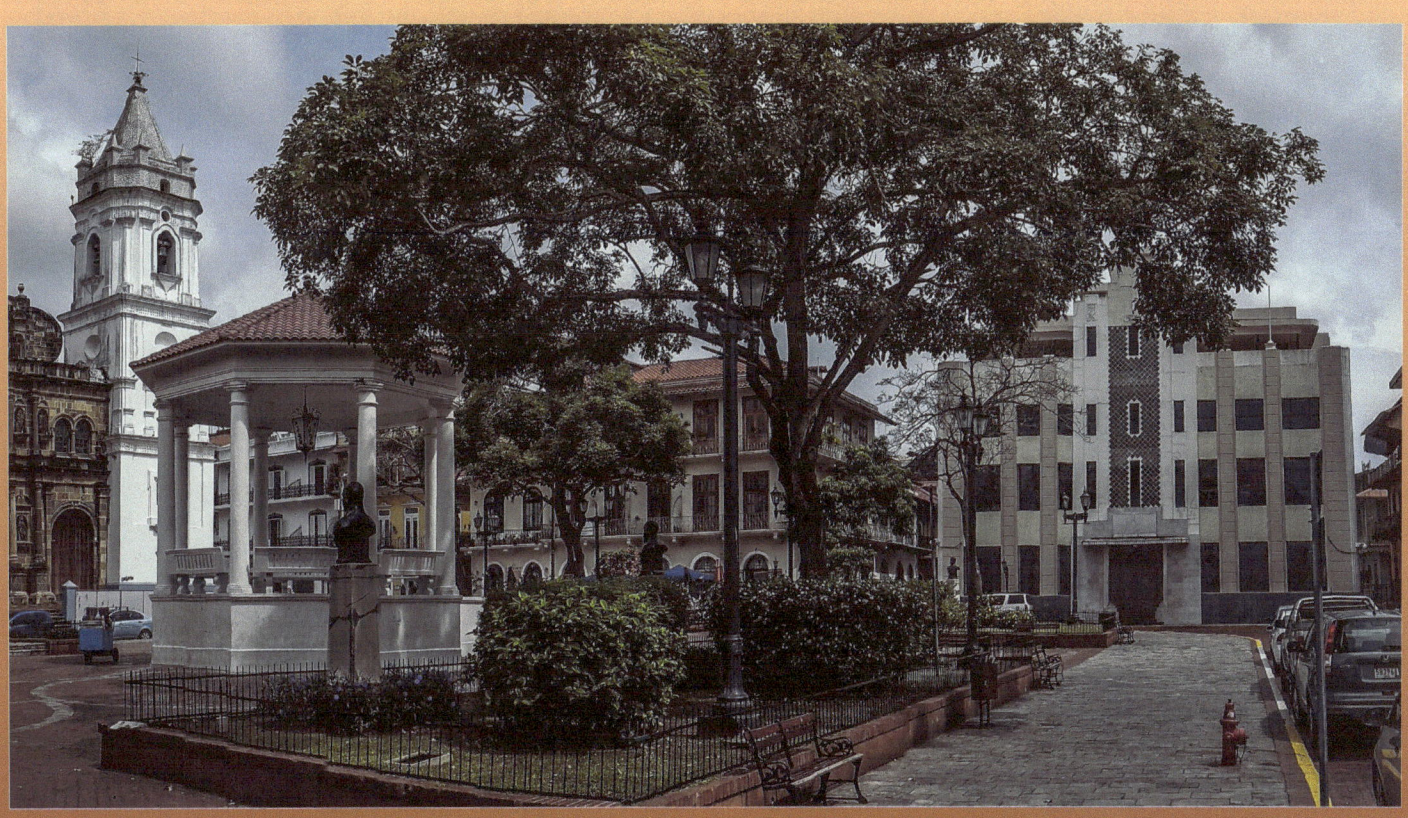

Panama Beach at Low Tide

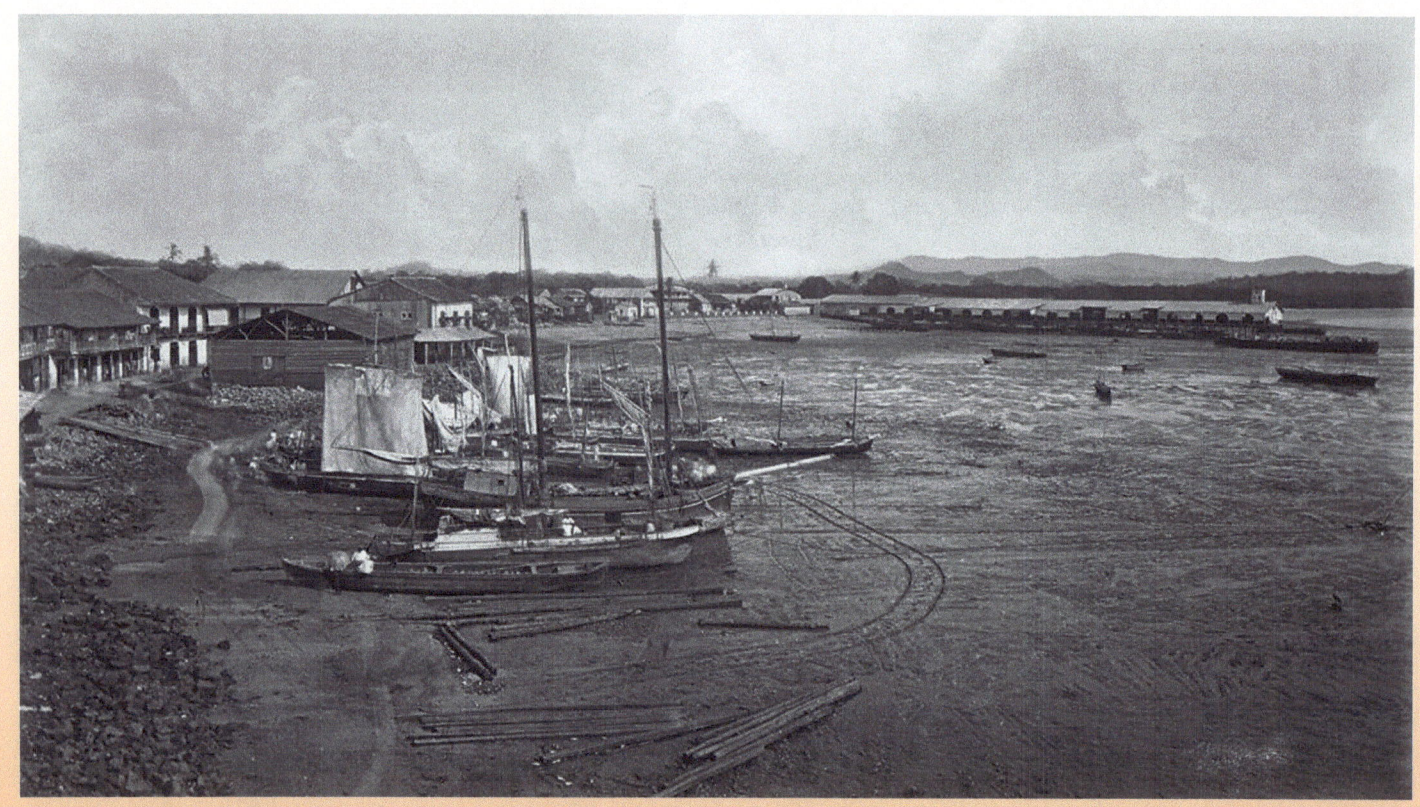

Avenida Eloy Alfaro y Cinta Costera

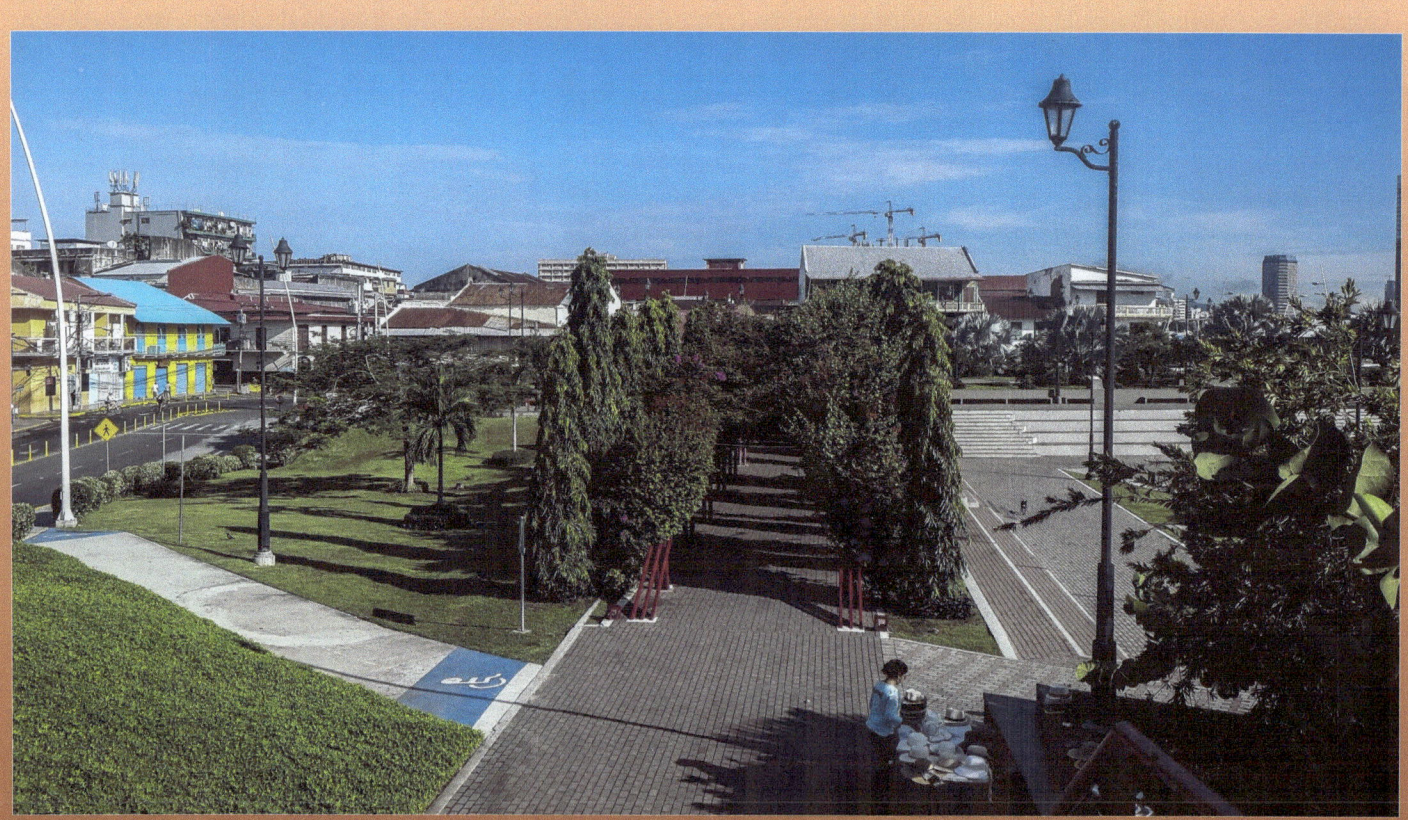

Grand Central Hotel

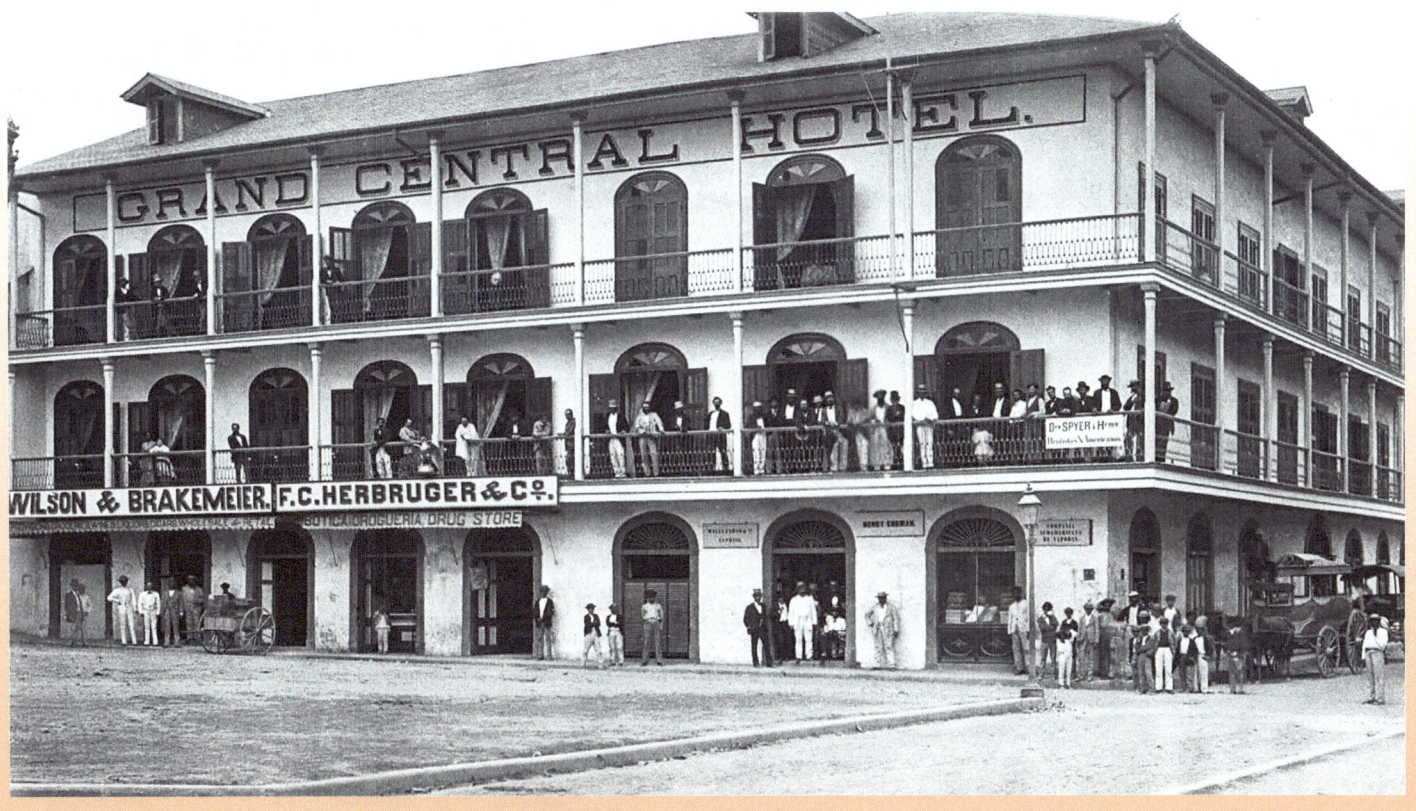

Hotel Central

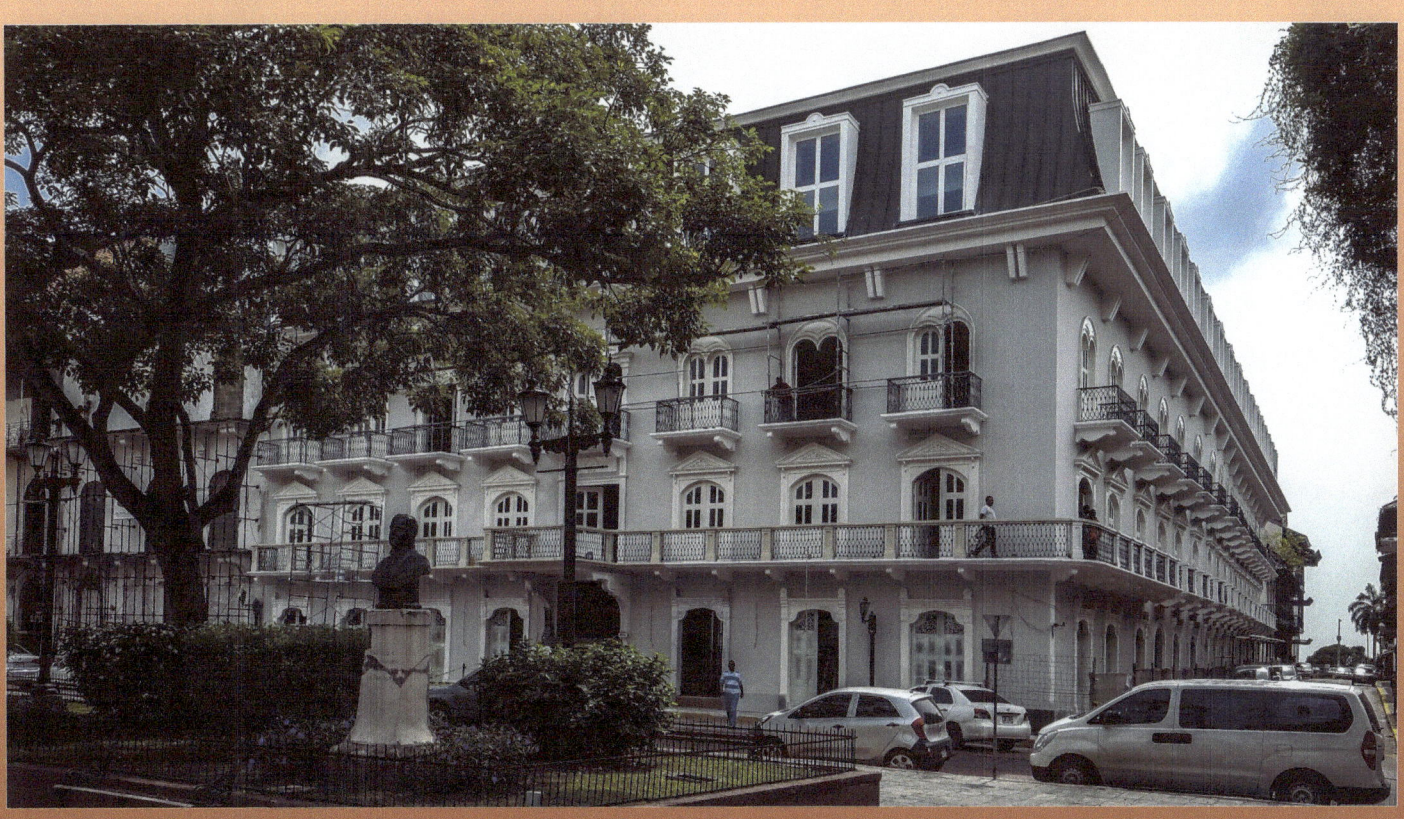

The walls of Panama

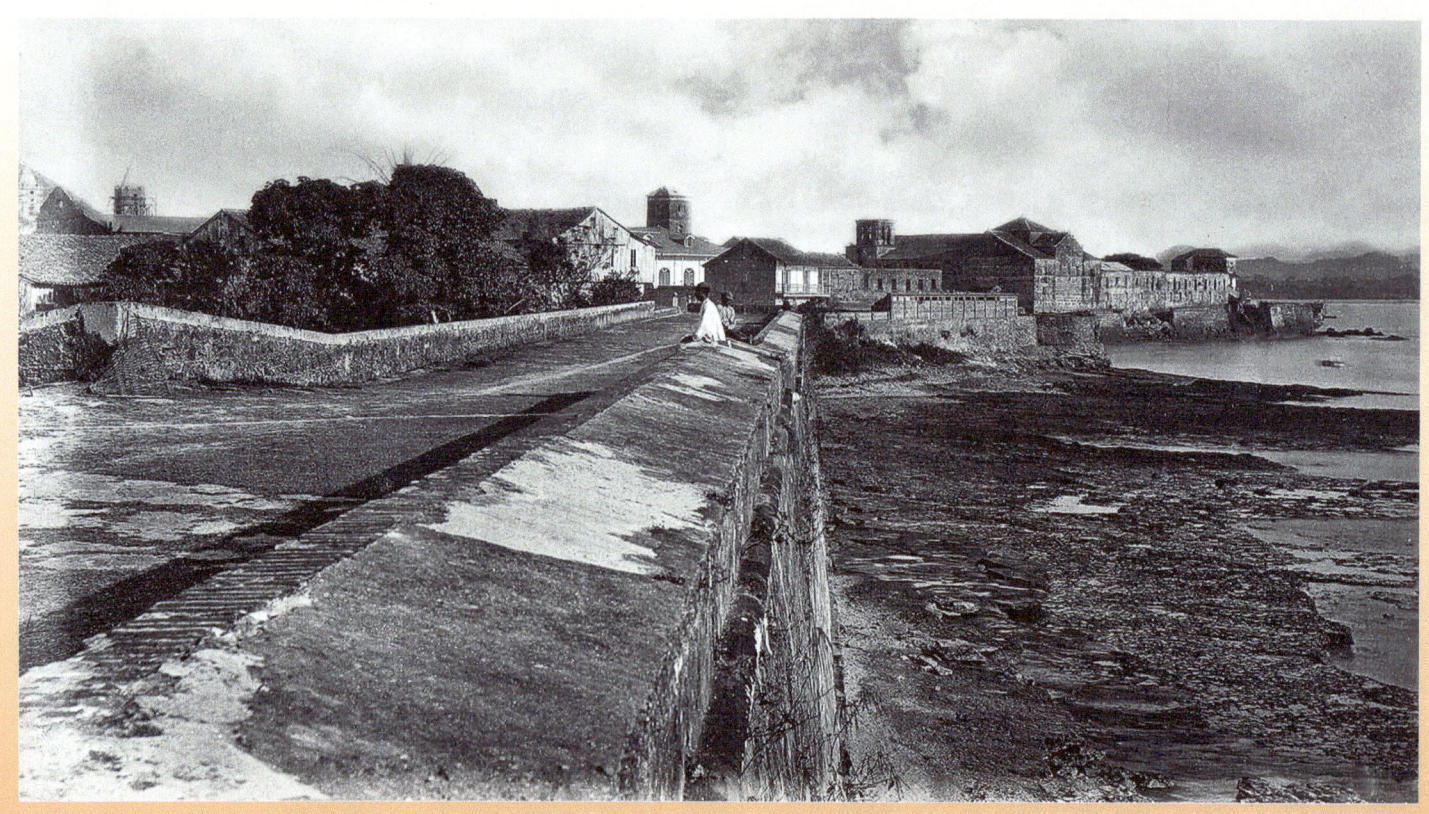

Paseo Esteban Huertas

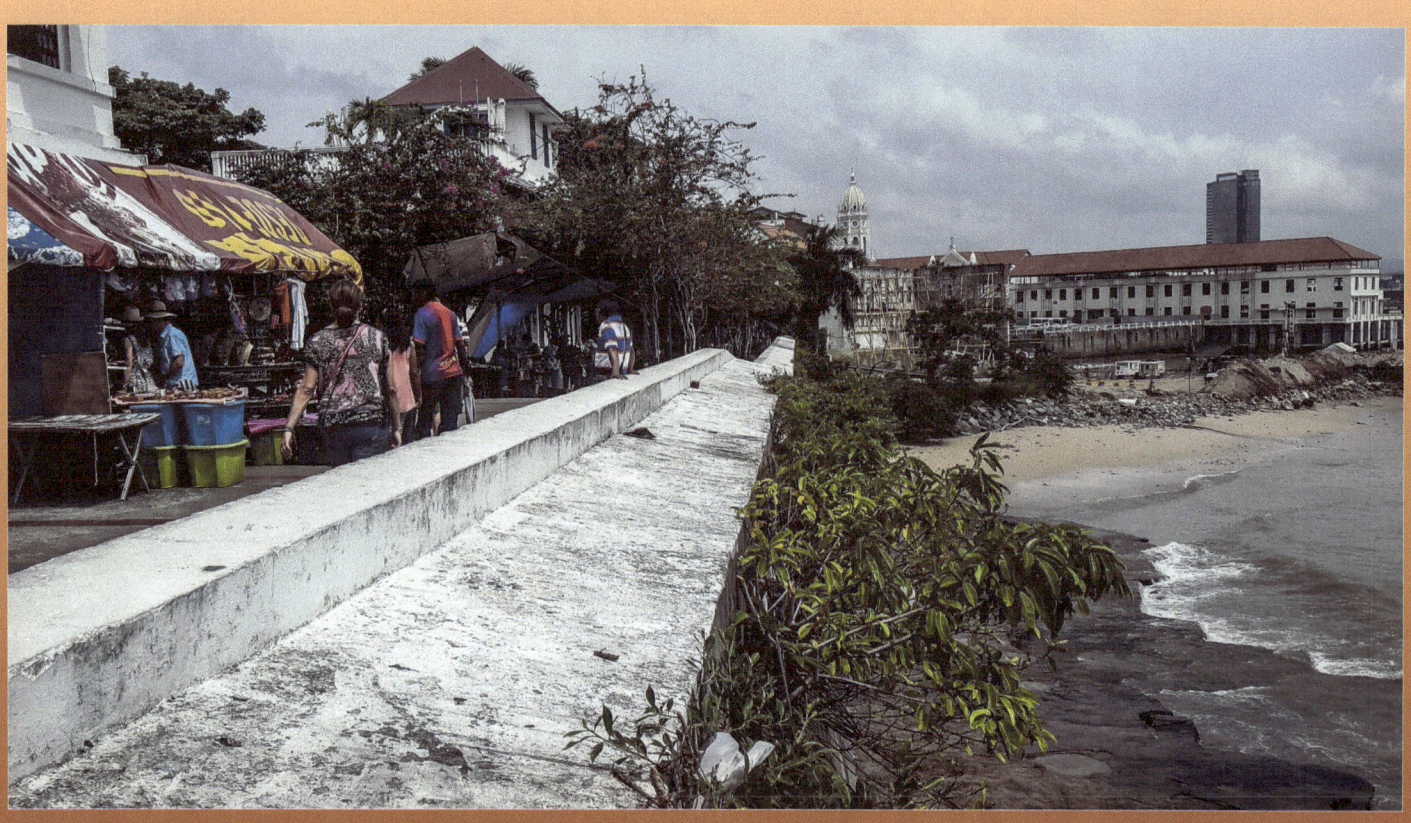

Ruins of the Convent of Las Monjas

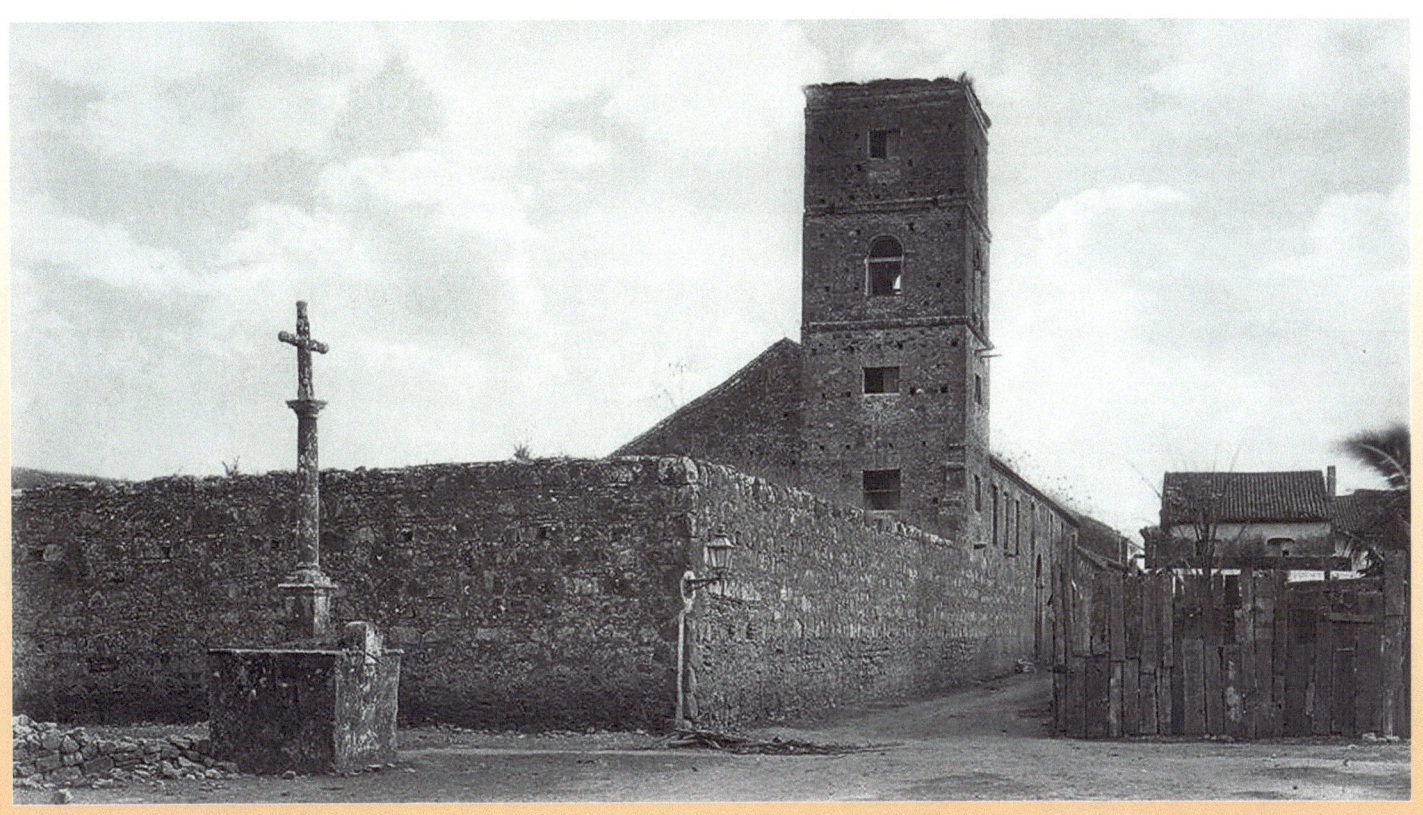

Teatro Nacional y Ministerio de Gobierno

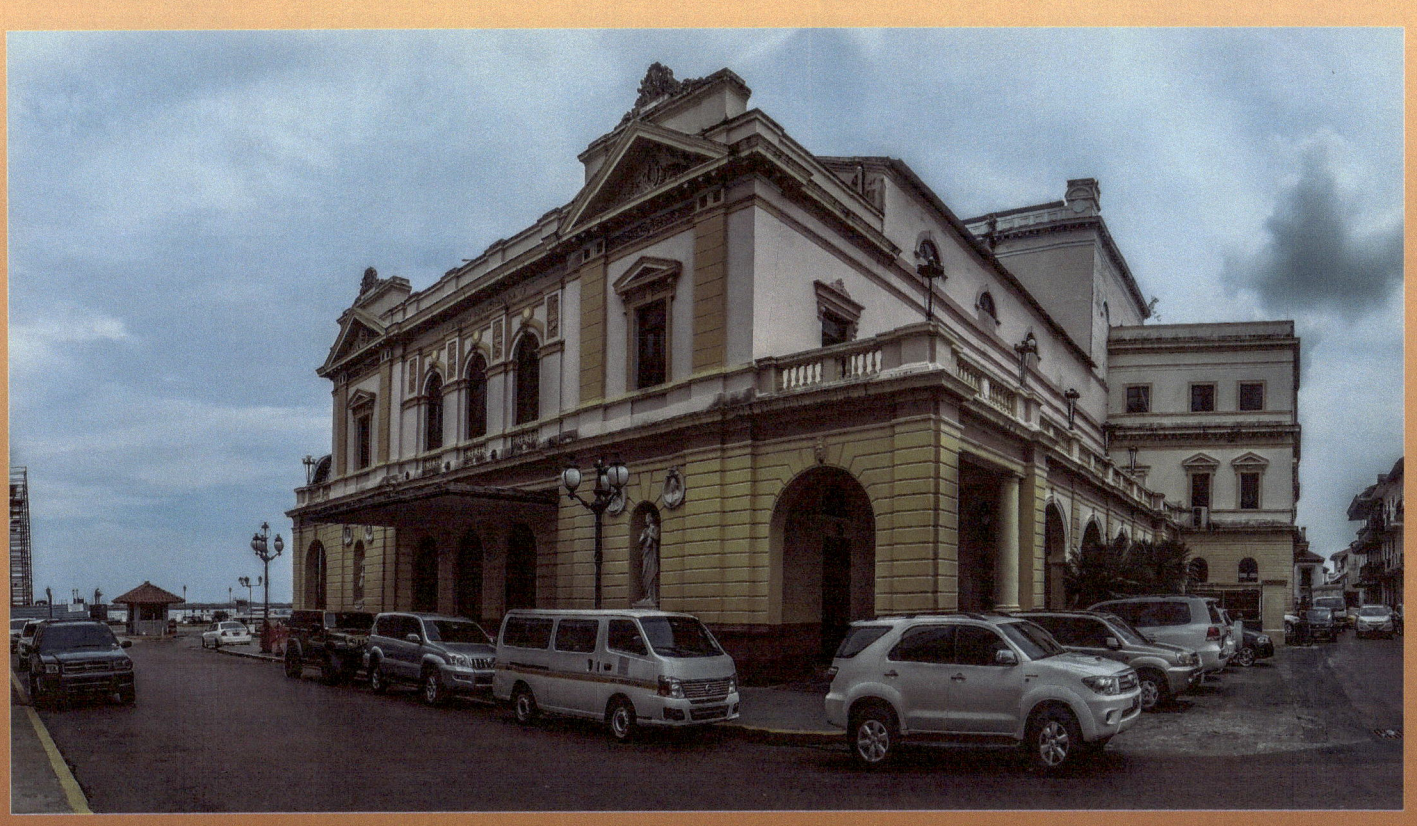

Cathedral of Panama

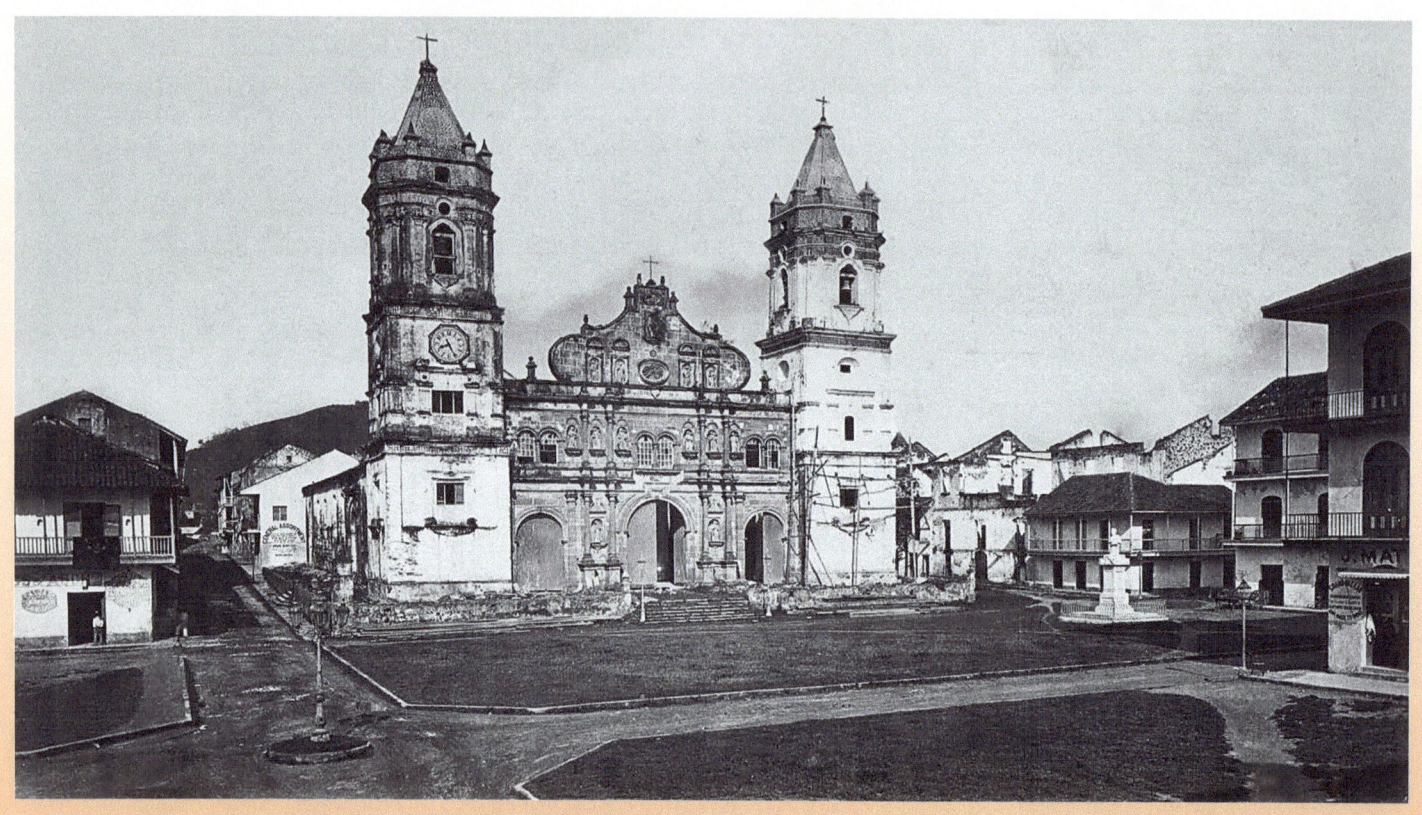

Catedral Basílica Santa María La Antigua

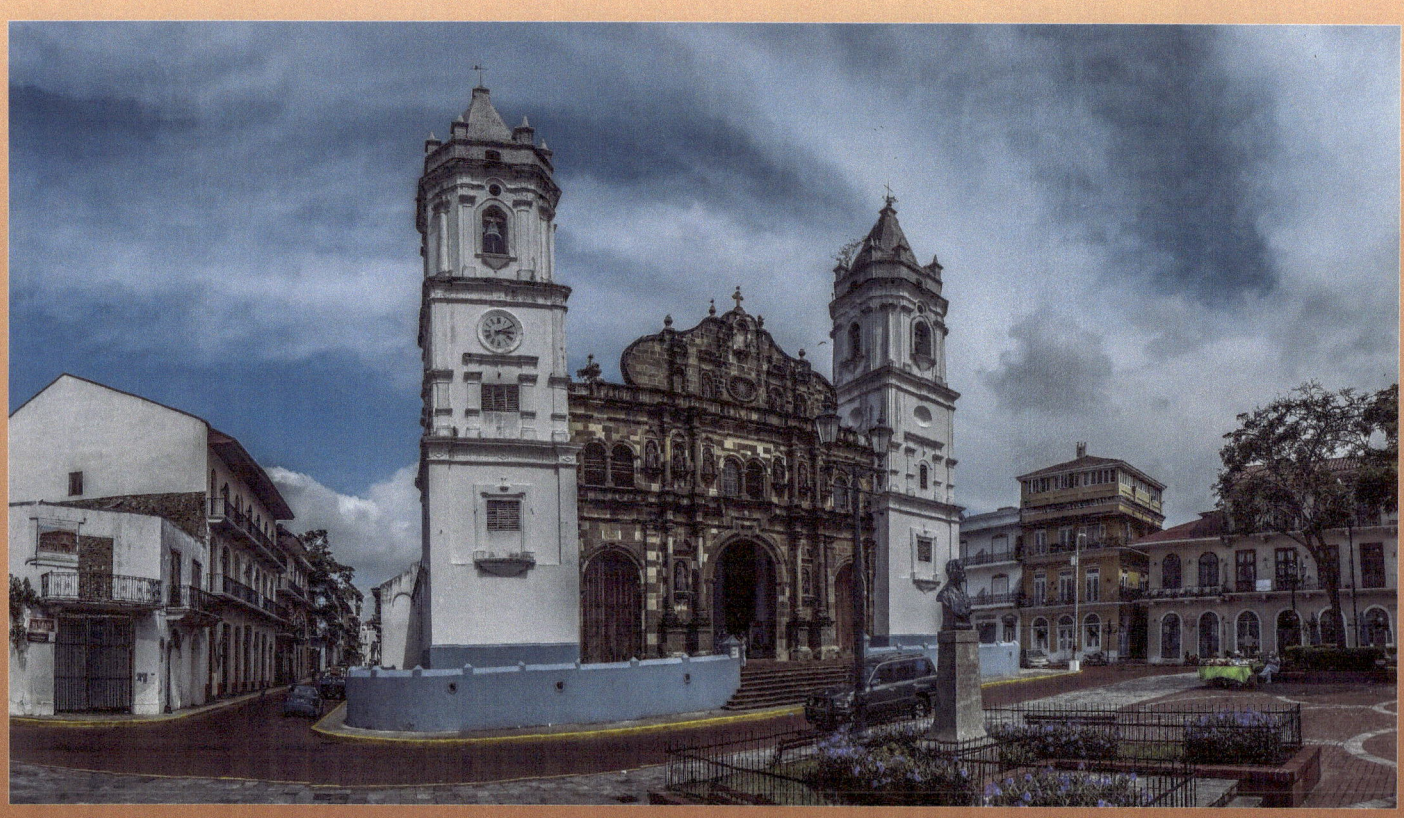

Palace of the President

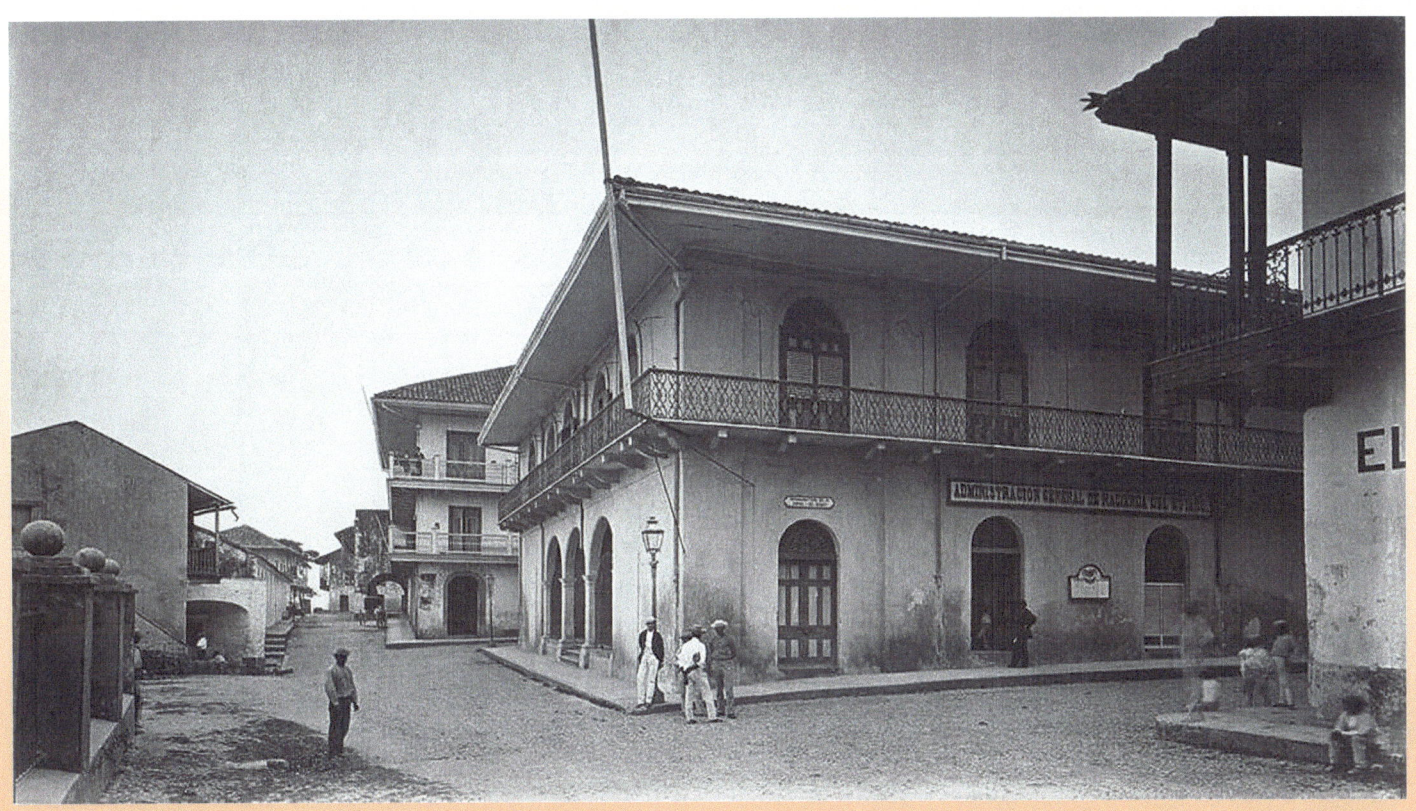

Palacio Presidencial o de las Garzas

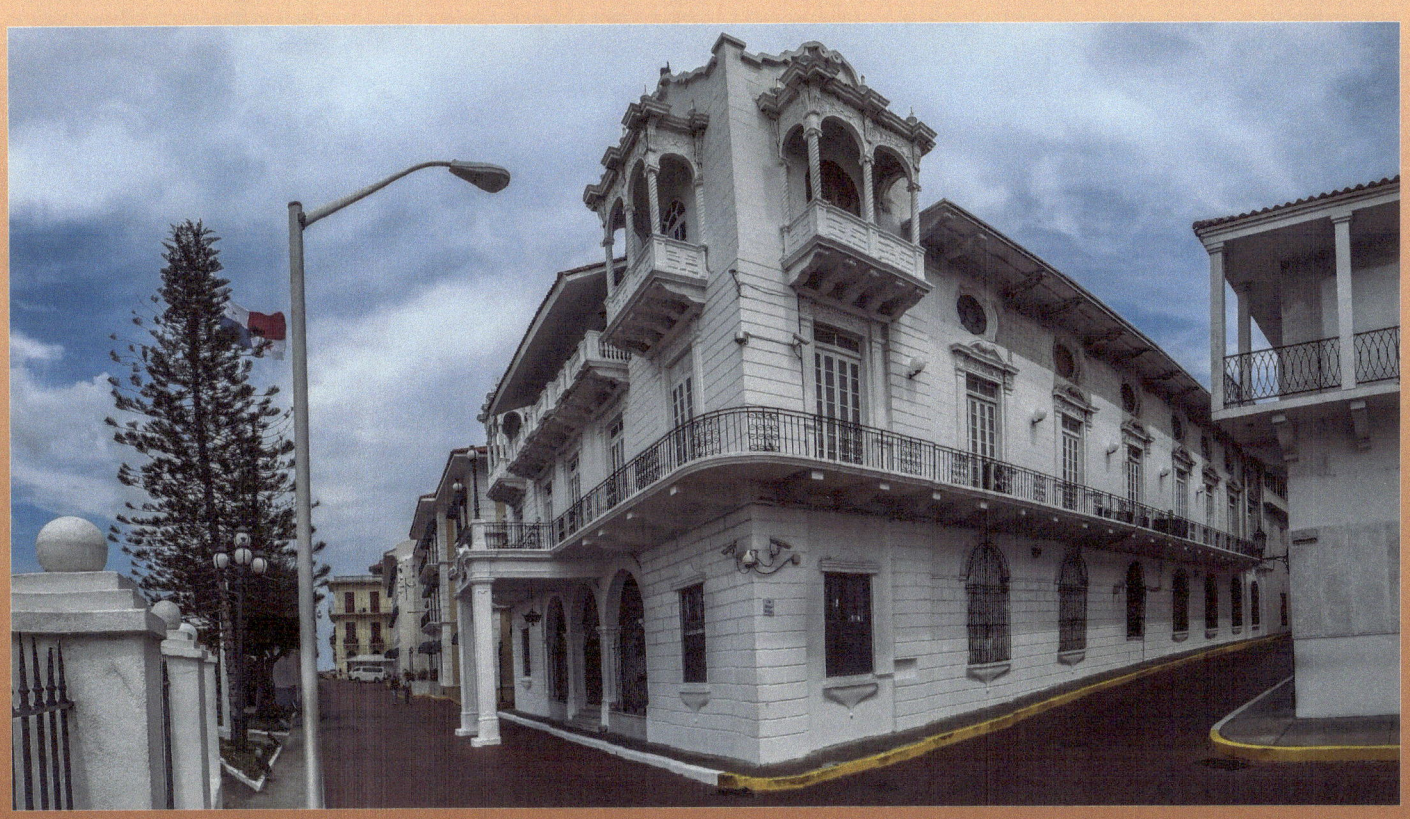

Ruins of the Church of Santo Domingo

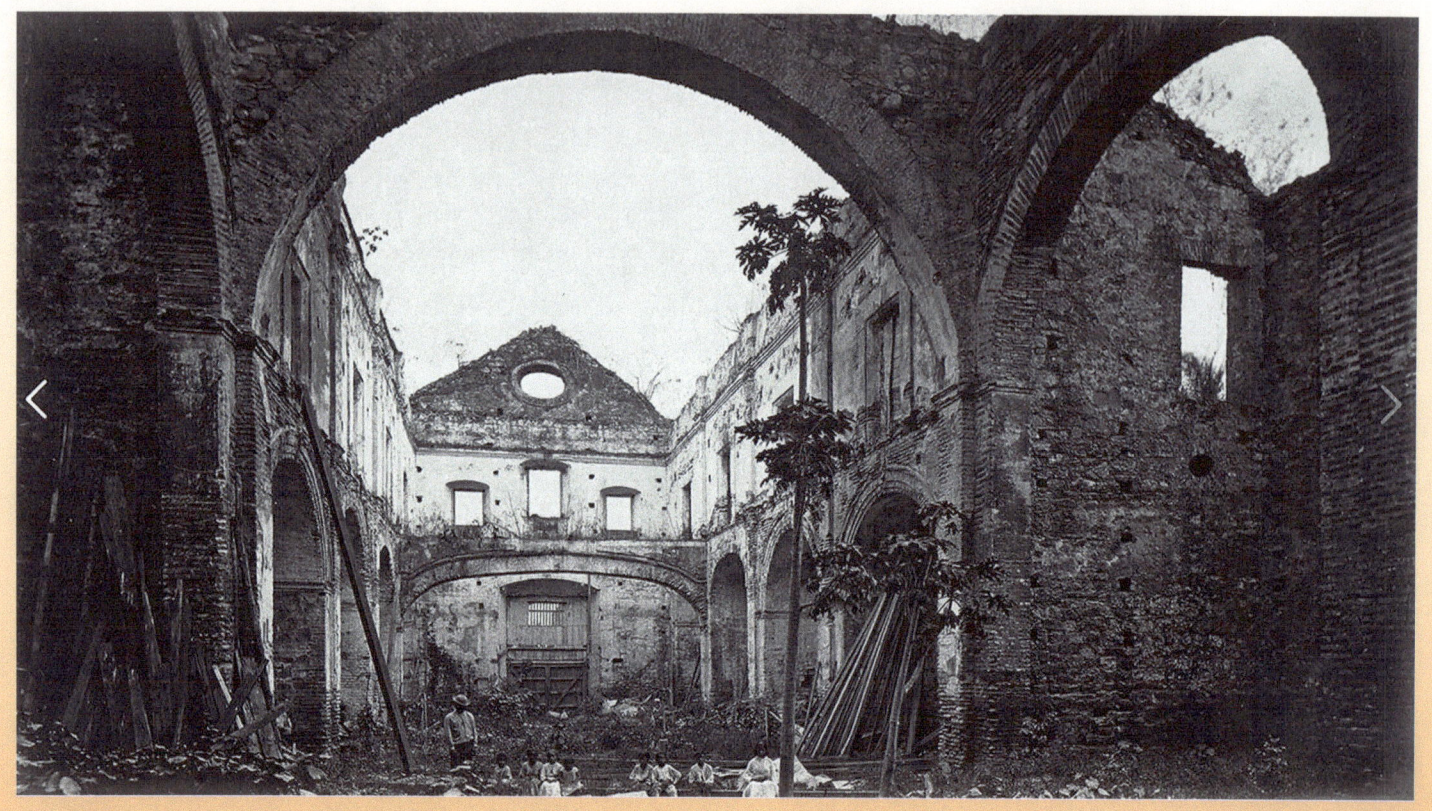

Arco Chato de la iglesia de Santo Domingo

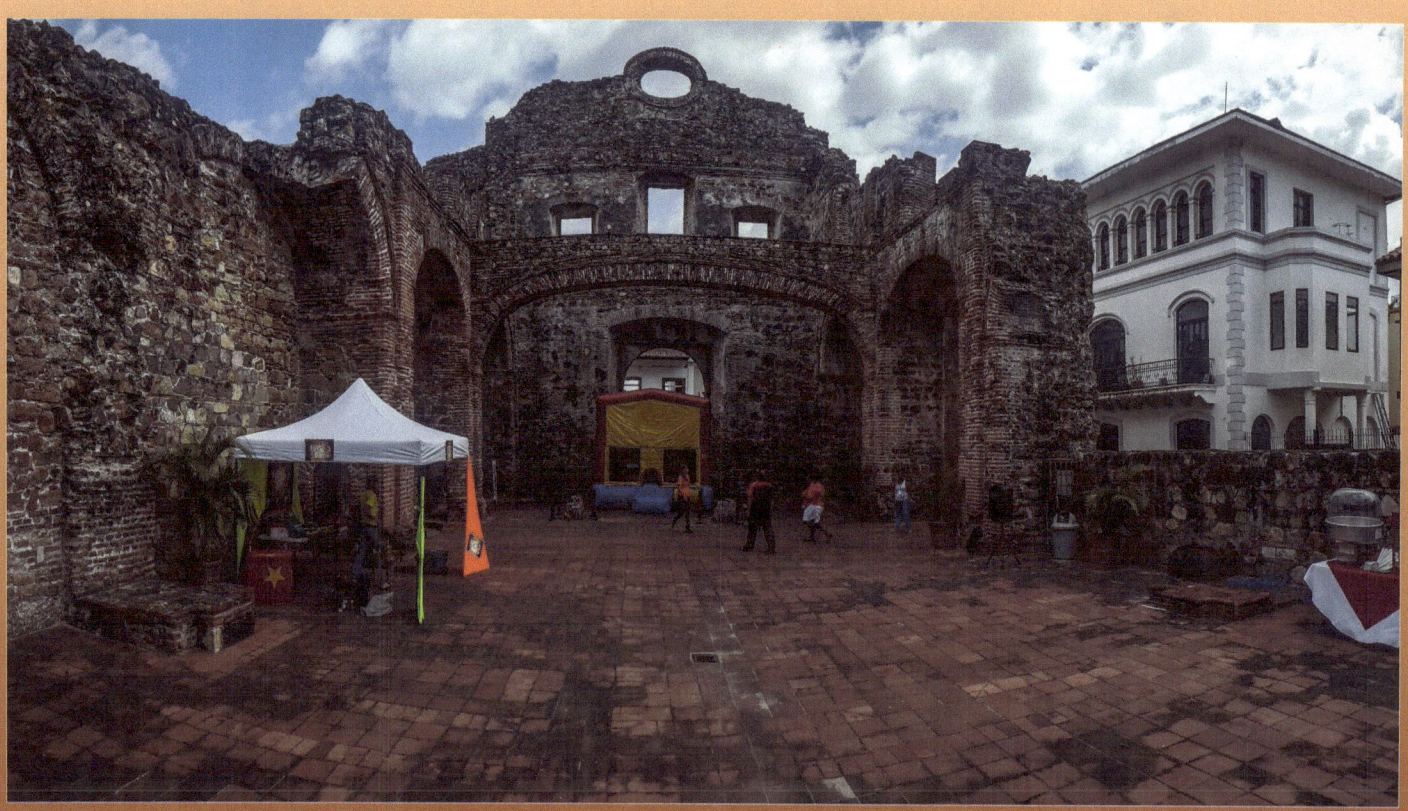

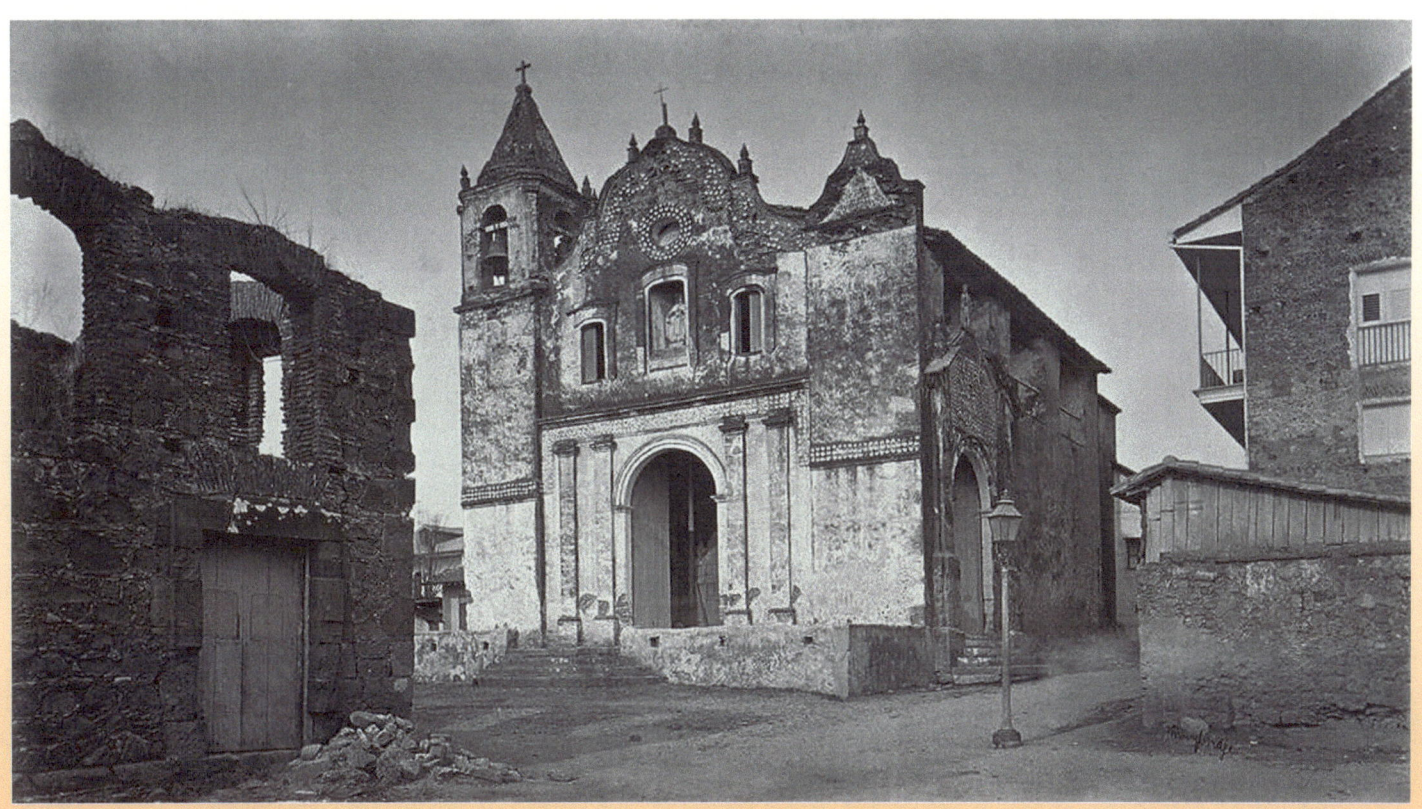

Iglesia de San Felipe Neri

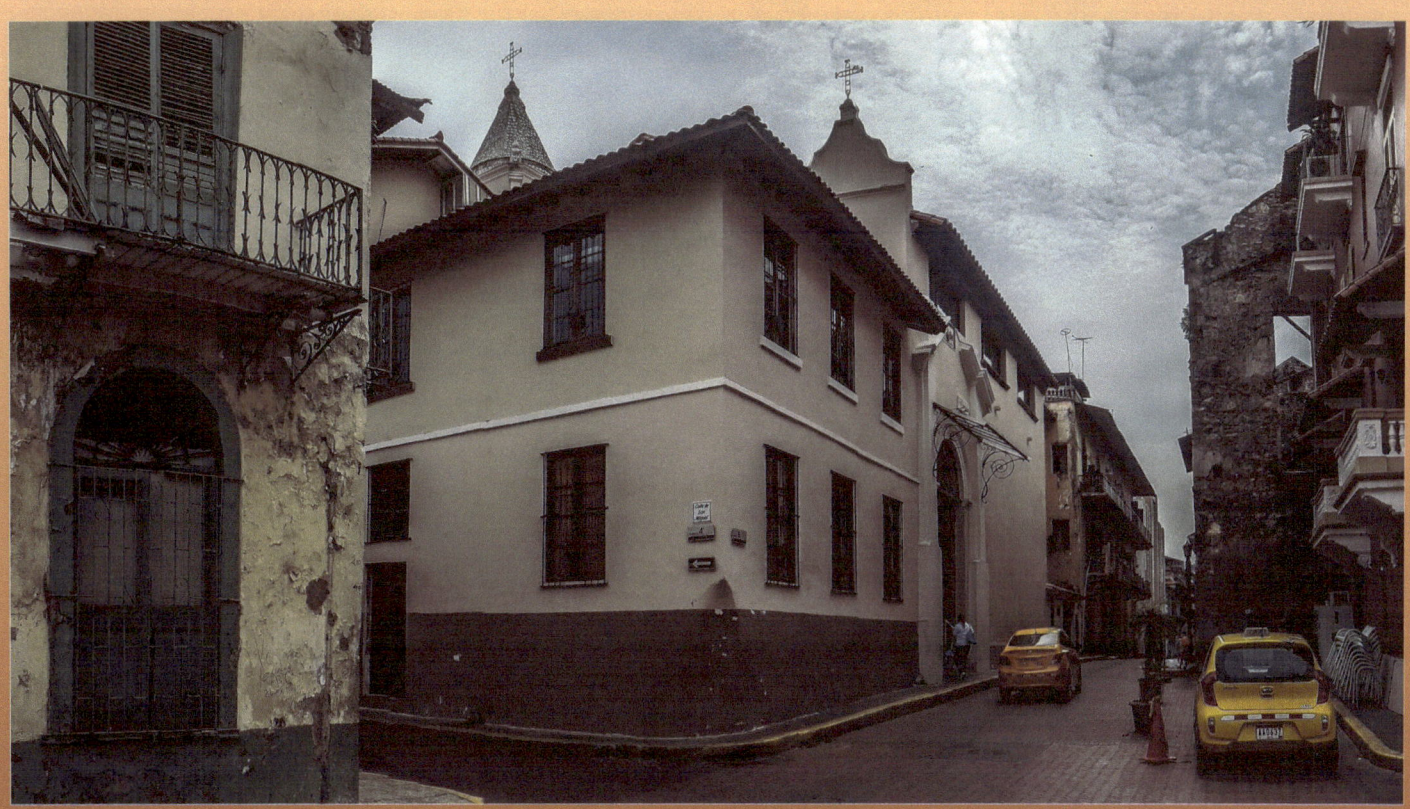

The Cabildo

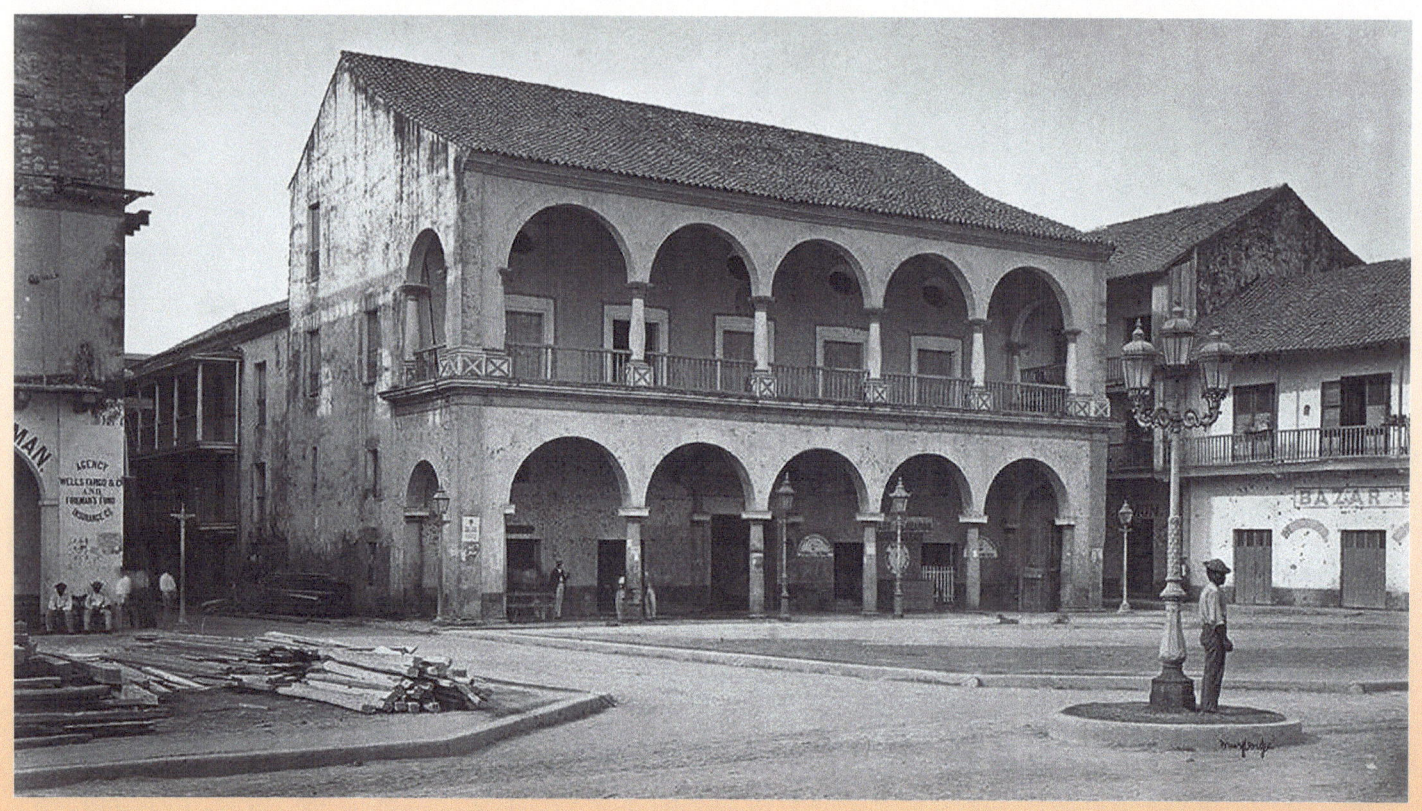

Palacio Municipal

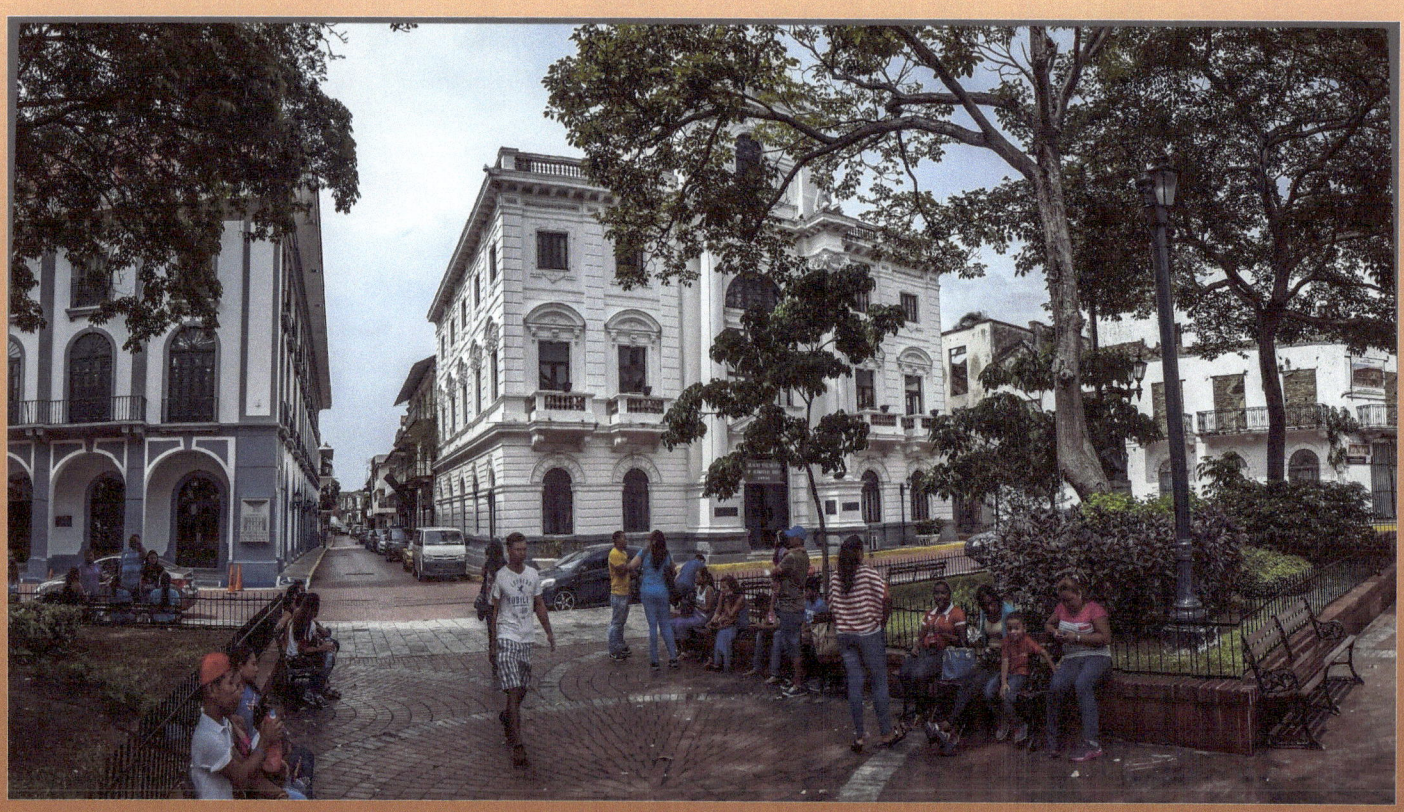

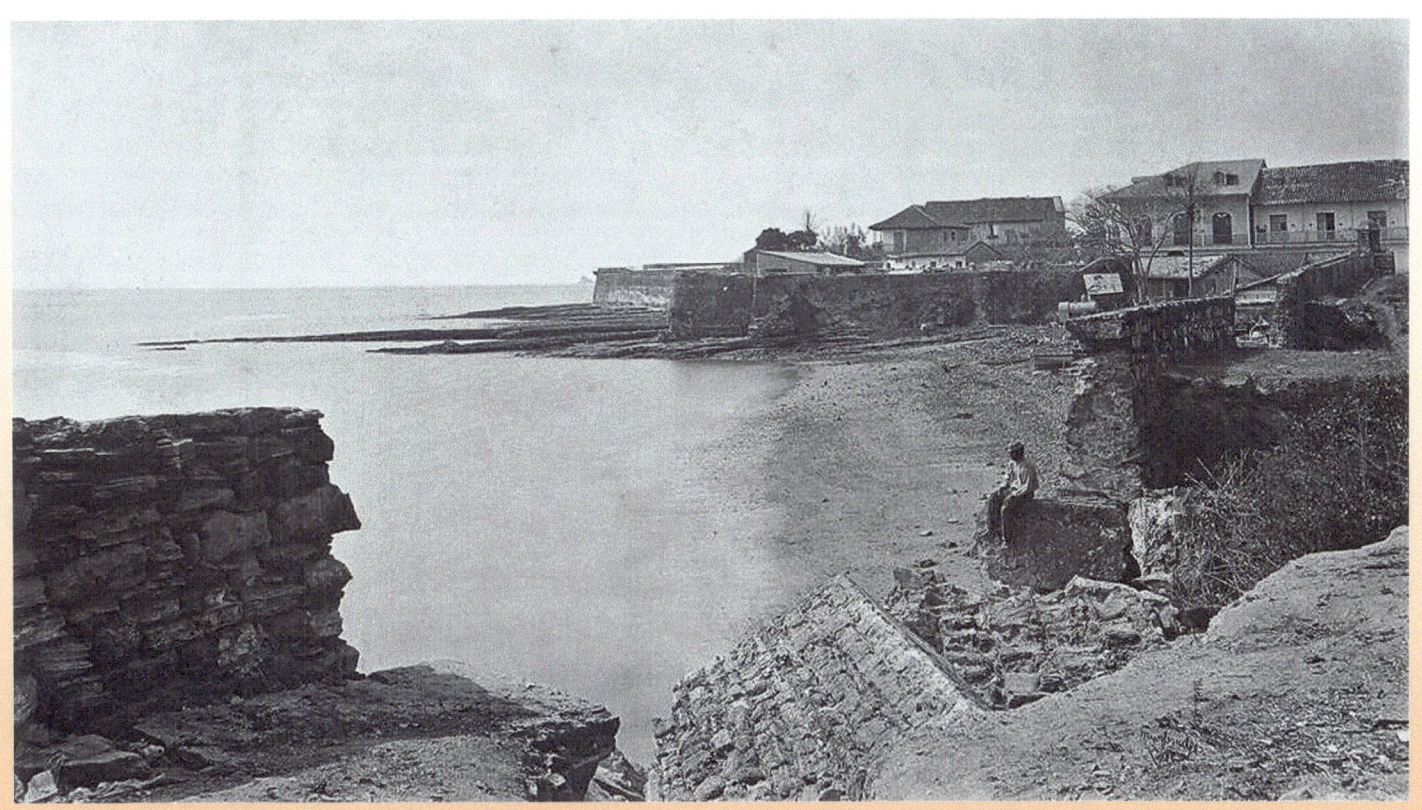

Antiguo Club Unión

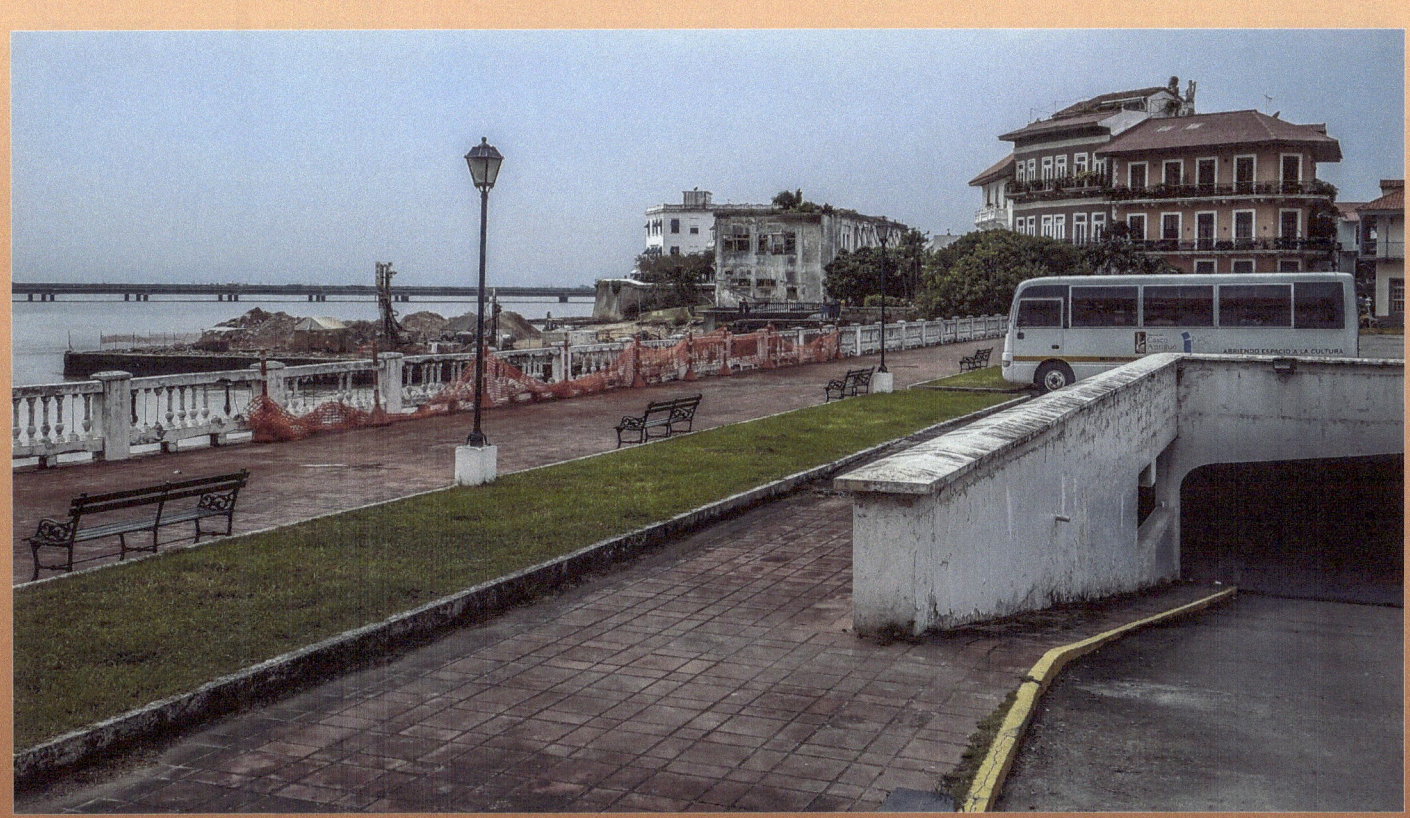

The walls of Panama

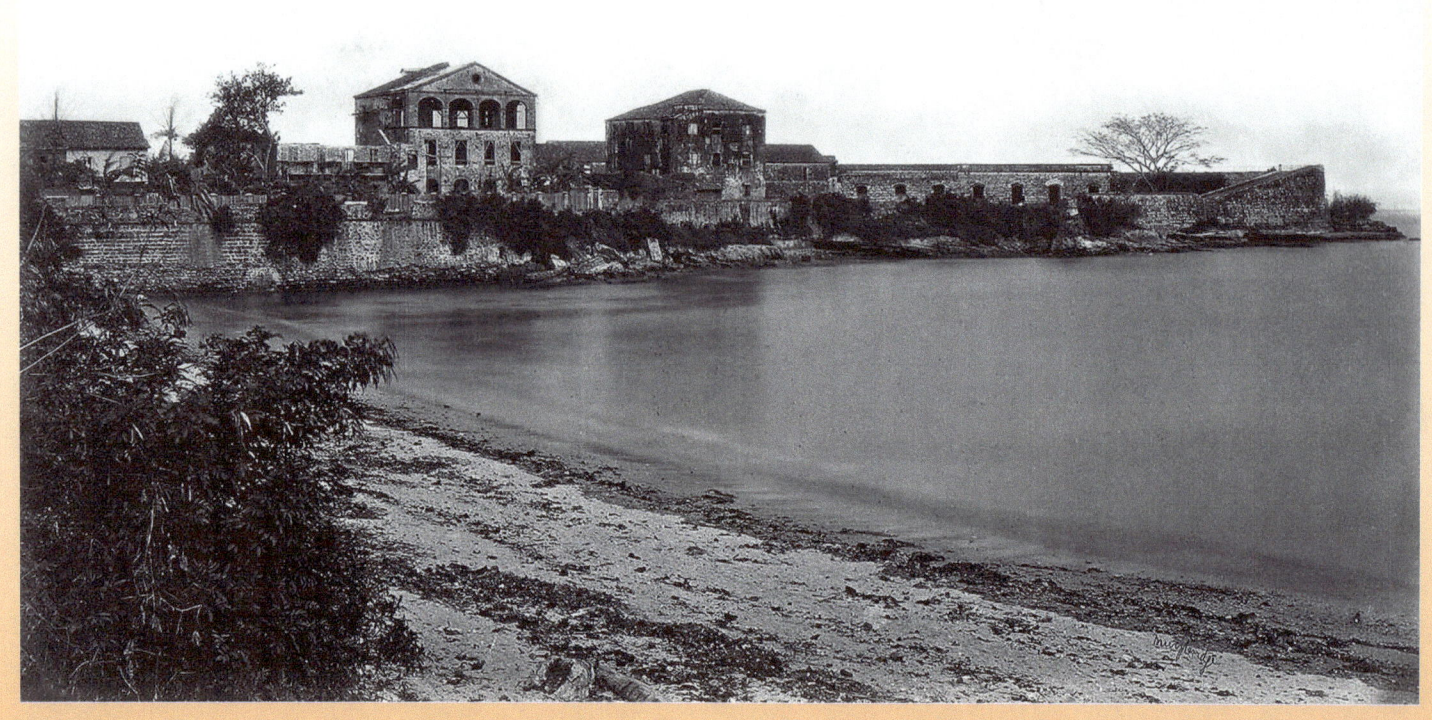

Muralla Sur y plaza de Francia

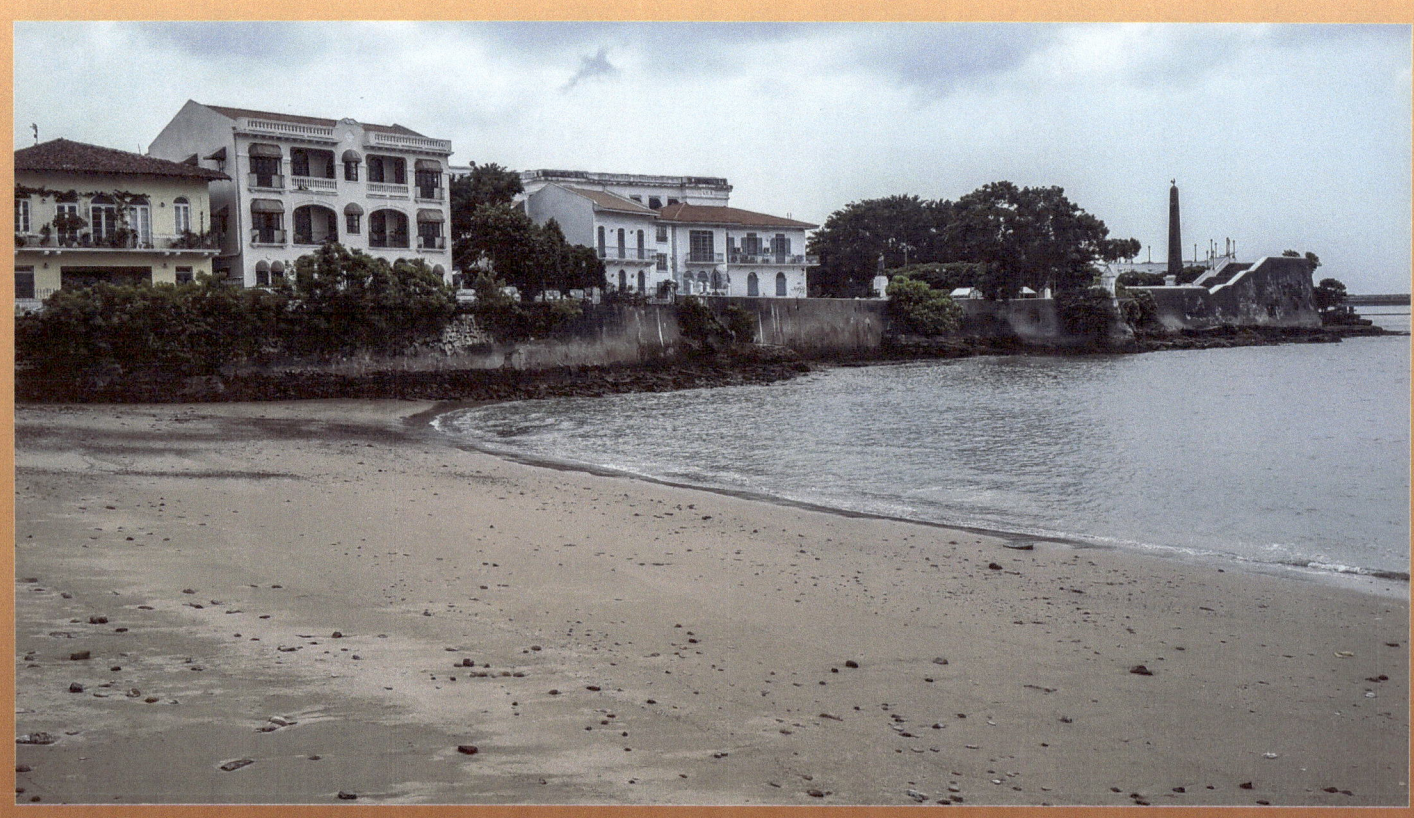

Church of San Francisco

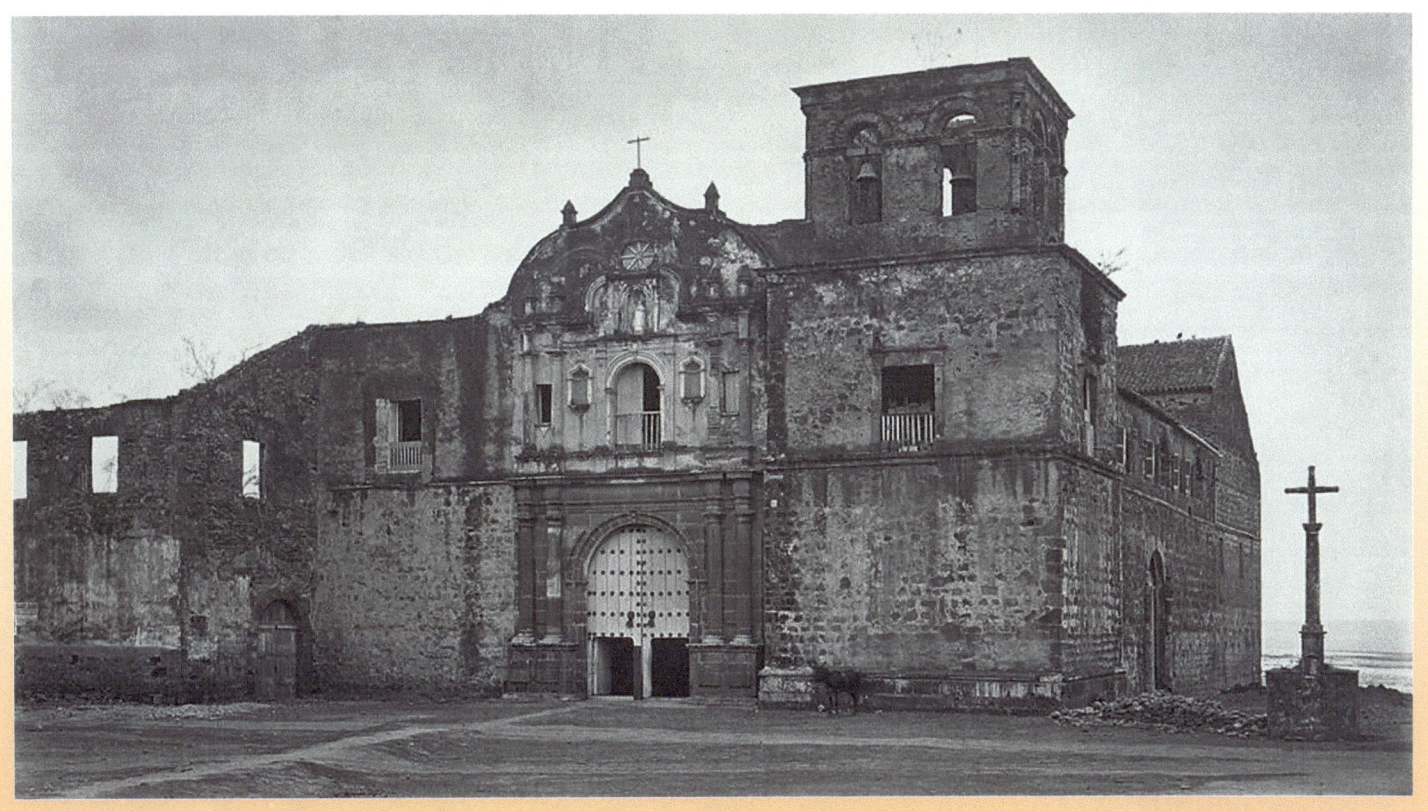

Iglesia de San Francisco de Asís

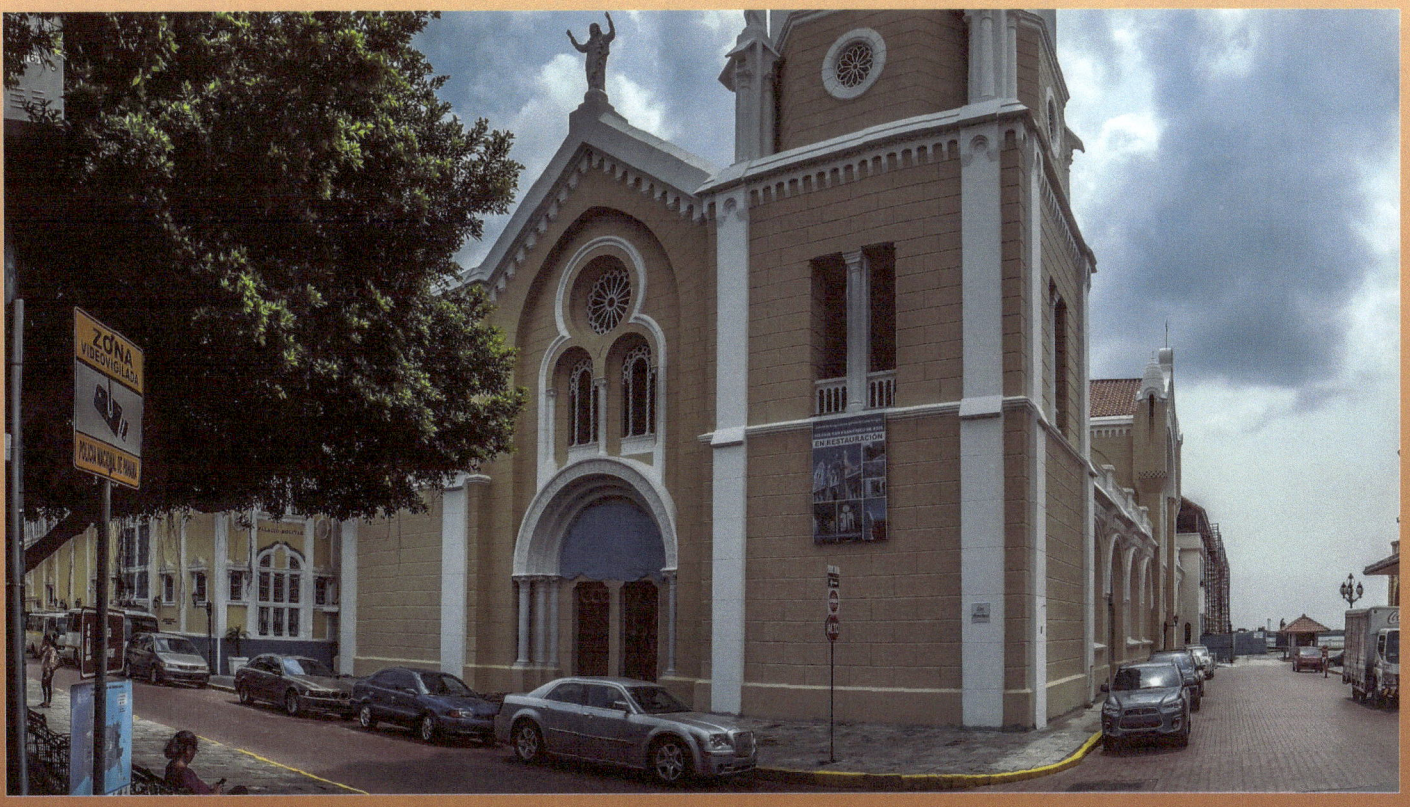

Ruins of the Church of Santo Domingo

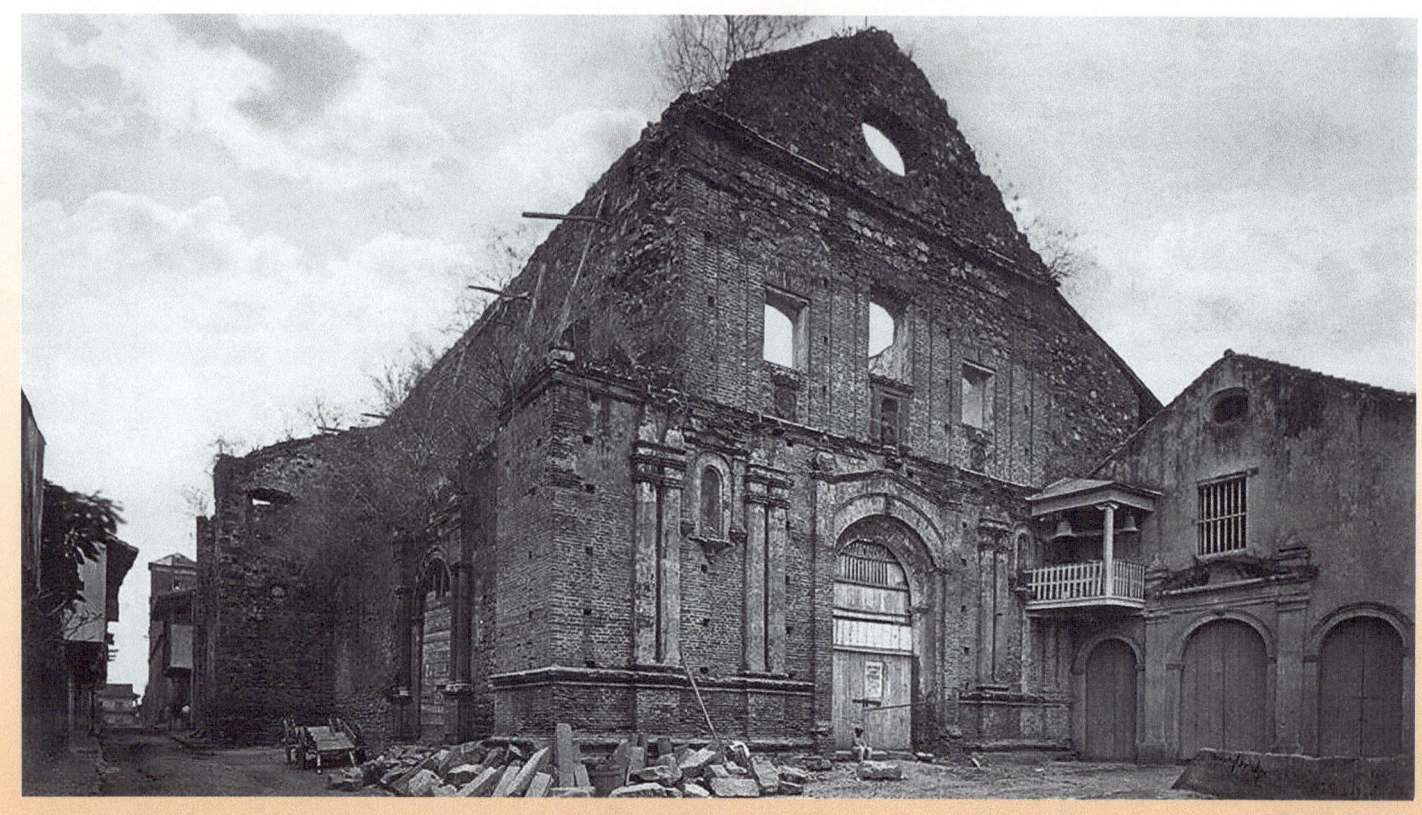

Iglesia y convento de Santo Domingo

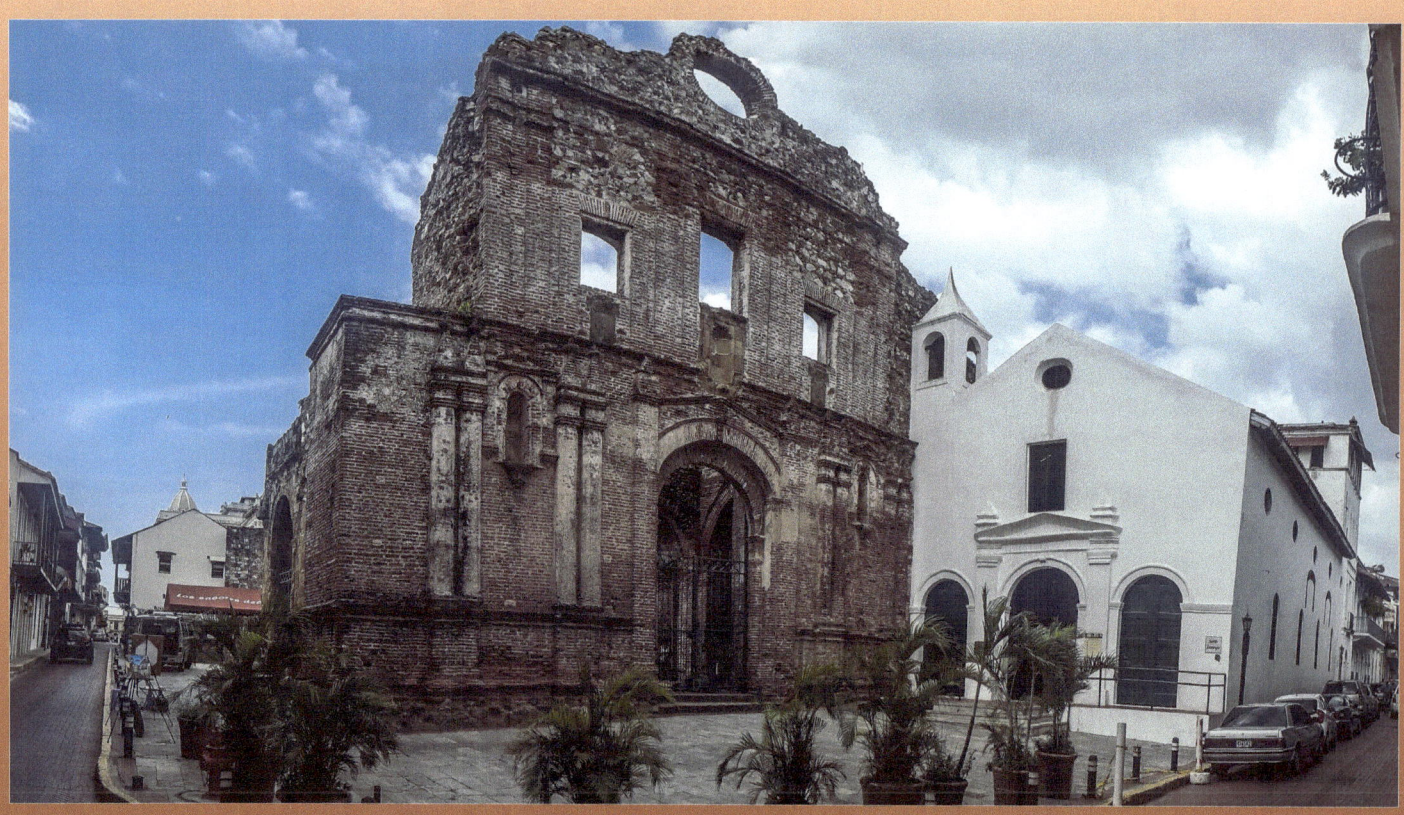

Grand Hotel

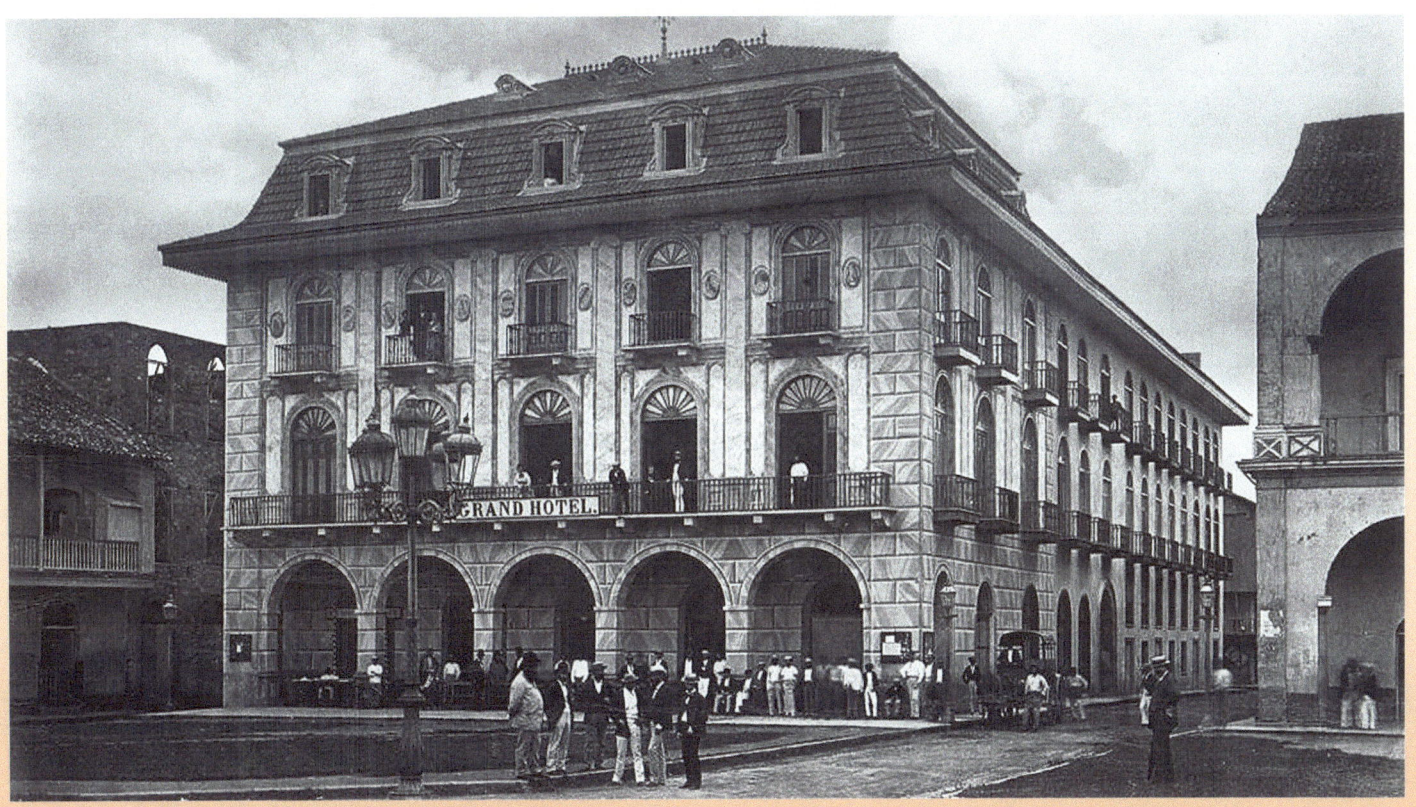

Museo del Canal Interoceánico

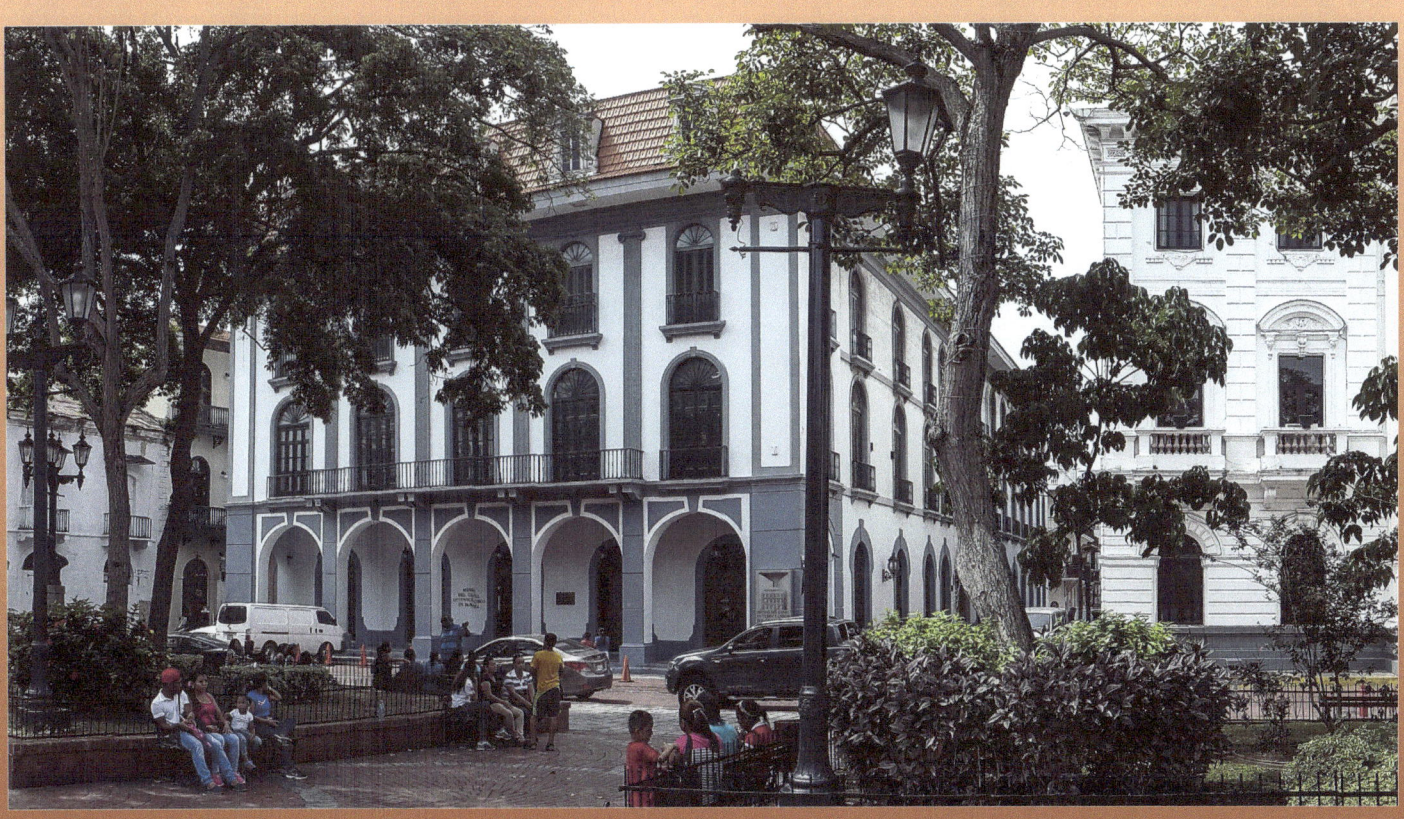

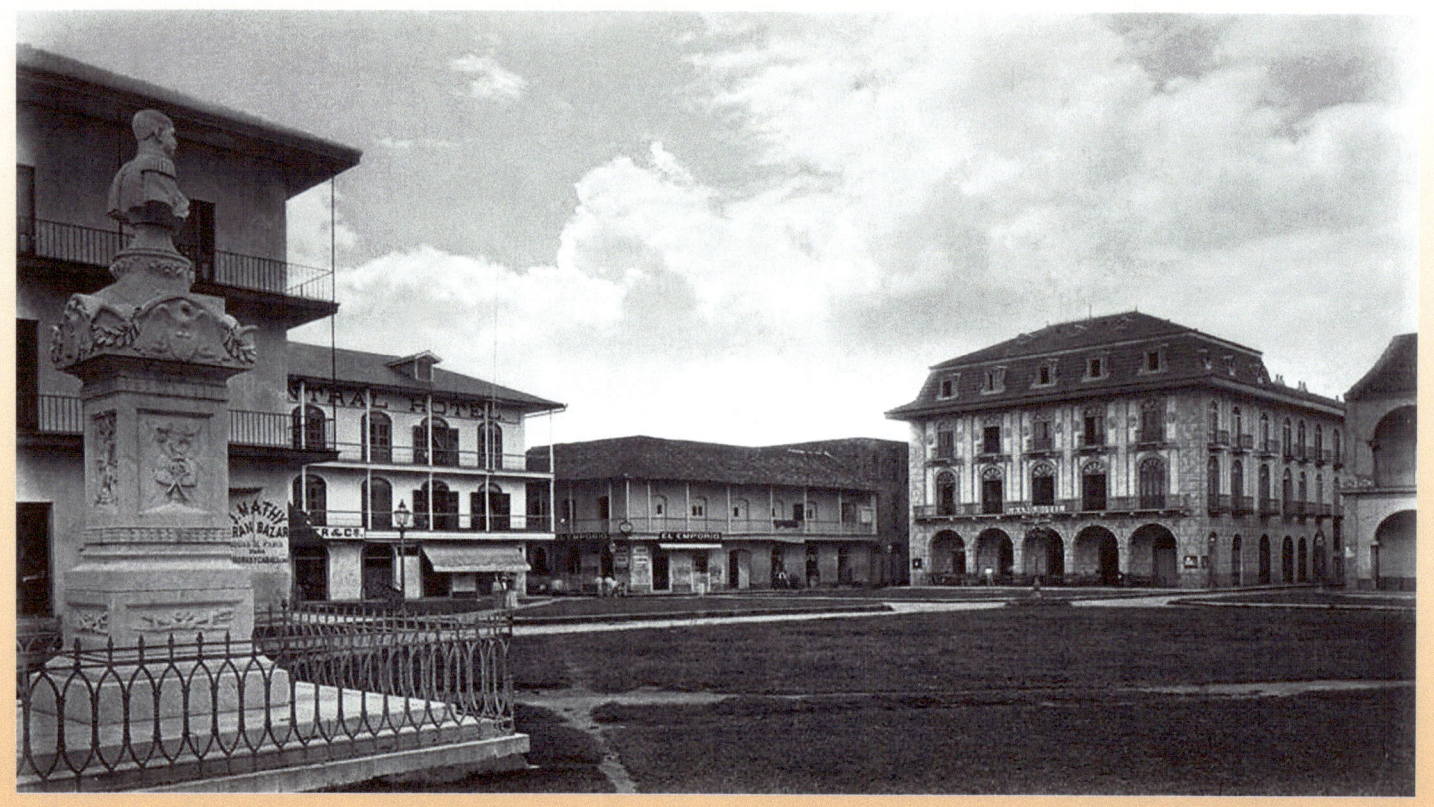

Templete de la plaza de la Independencia

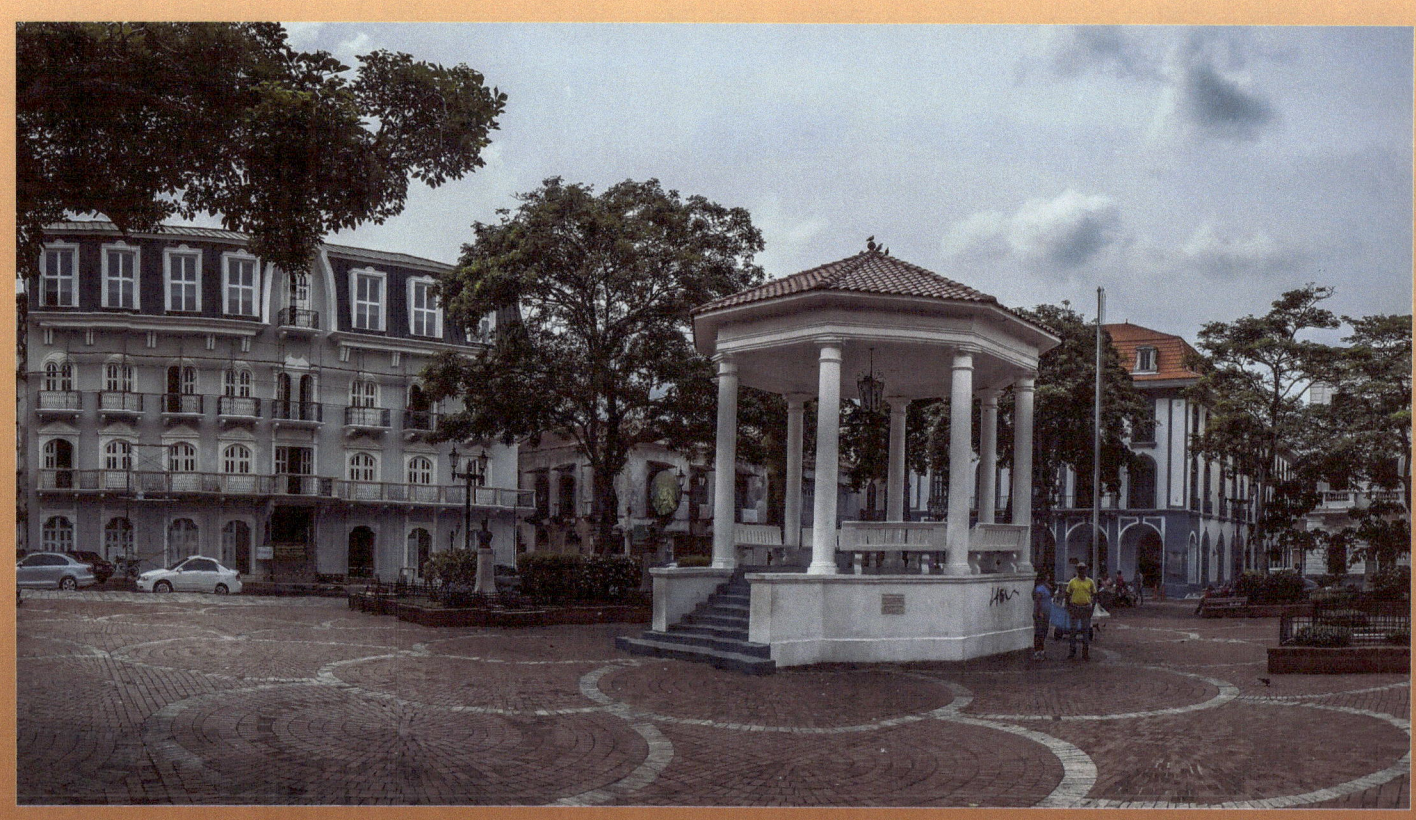

Church of the Merced

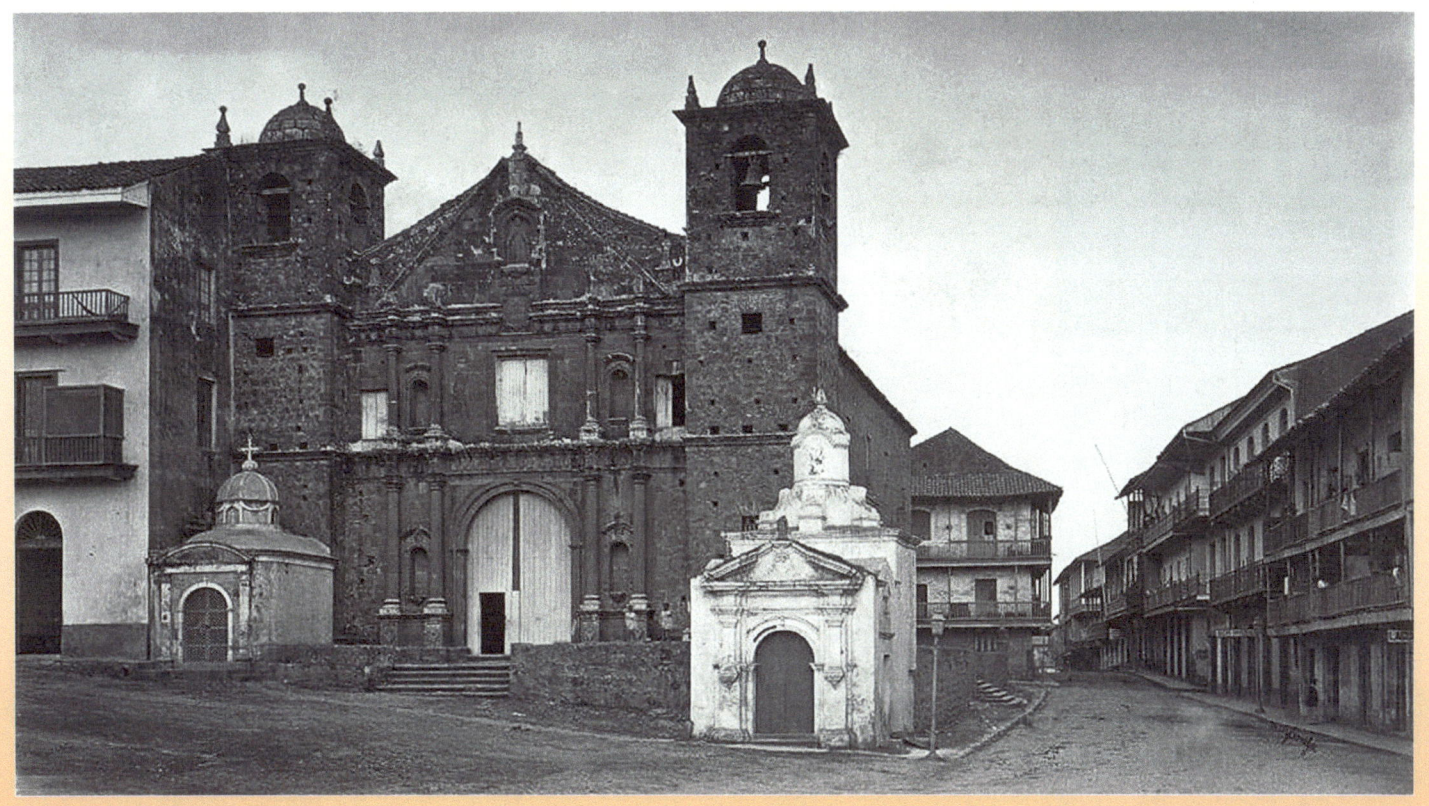

Iglesia Nuestra Señora de la Merced

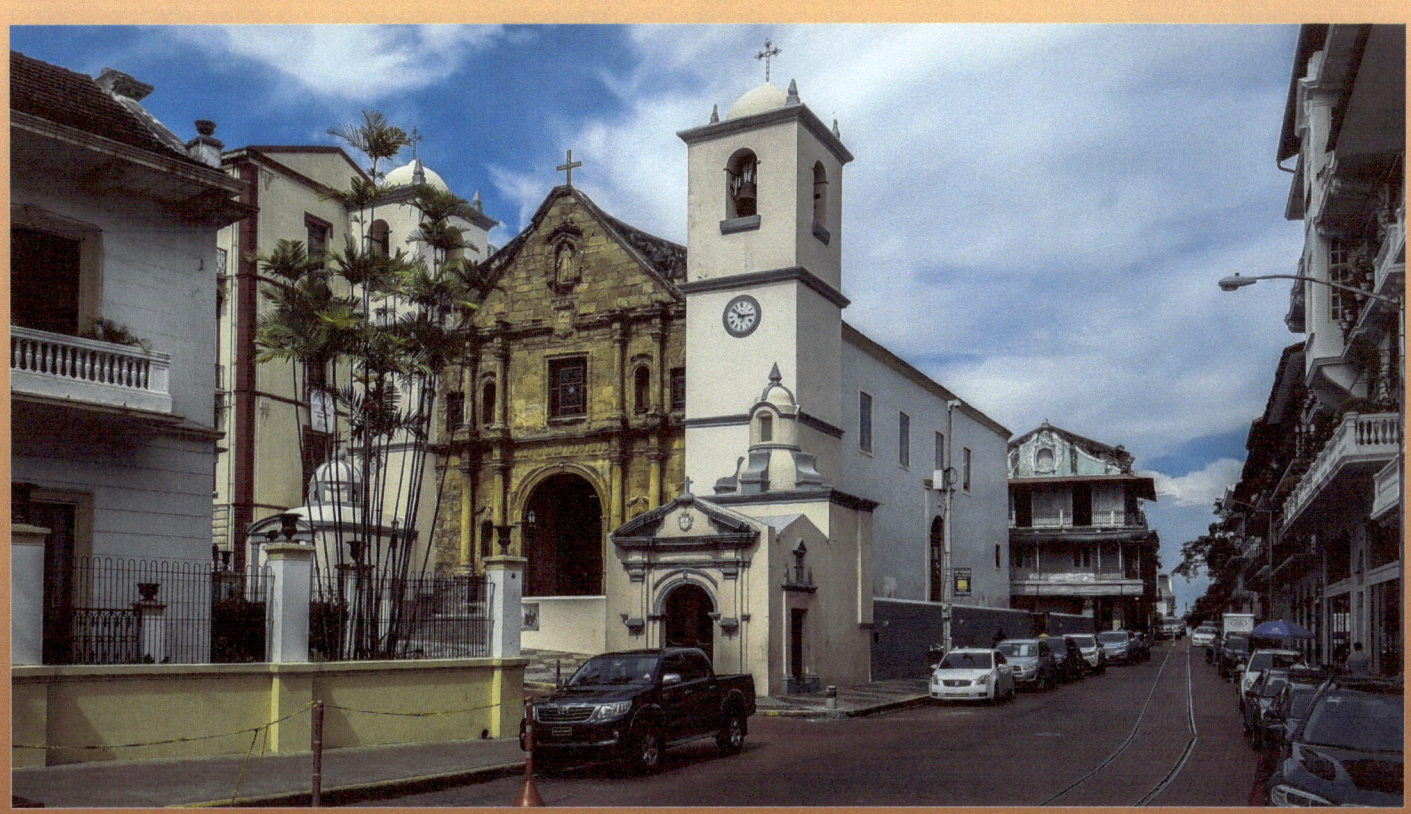

Panama from the parade ground

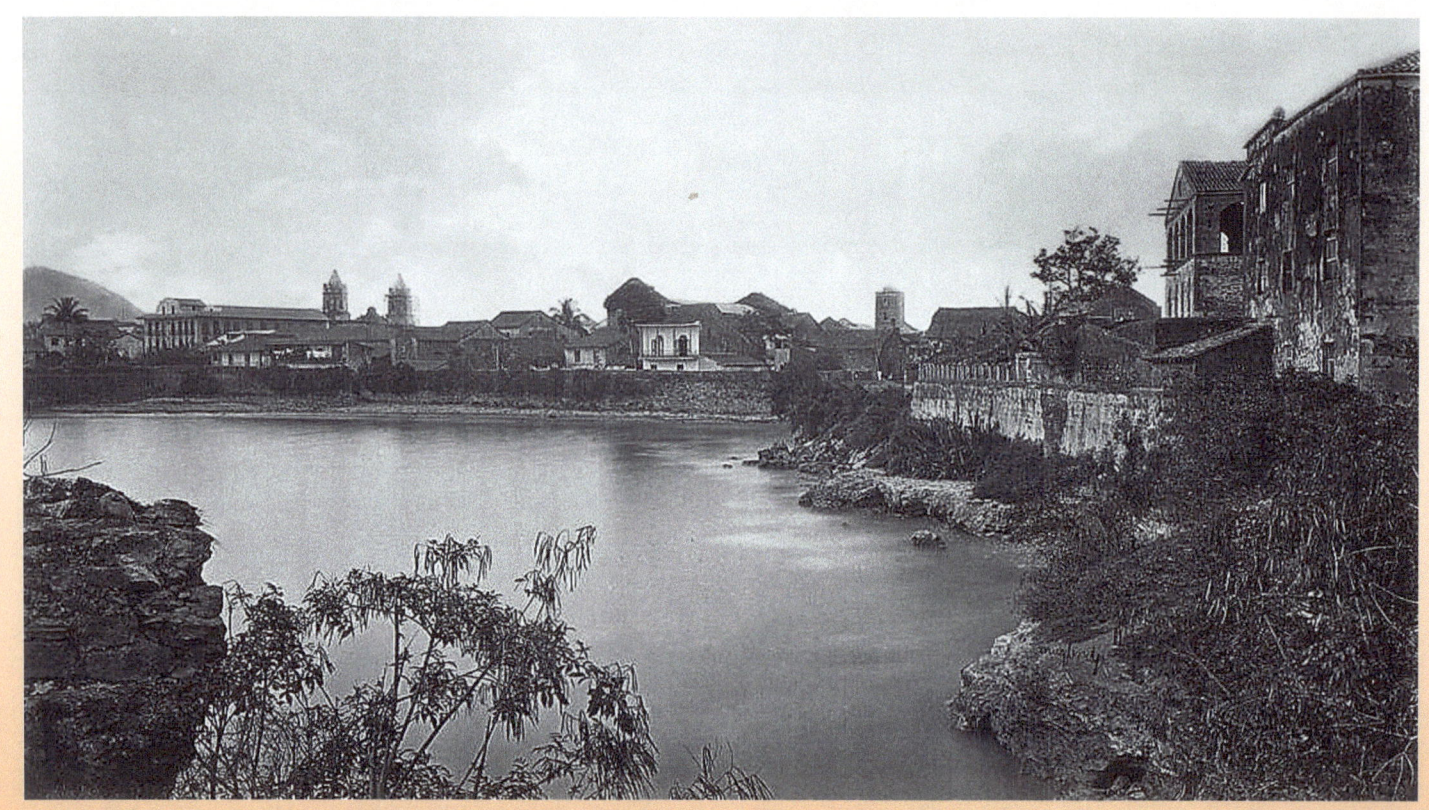

Muralla Sur desde la plaza de Francia

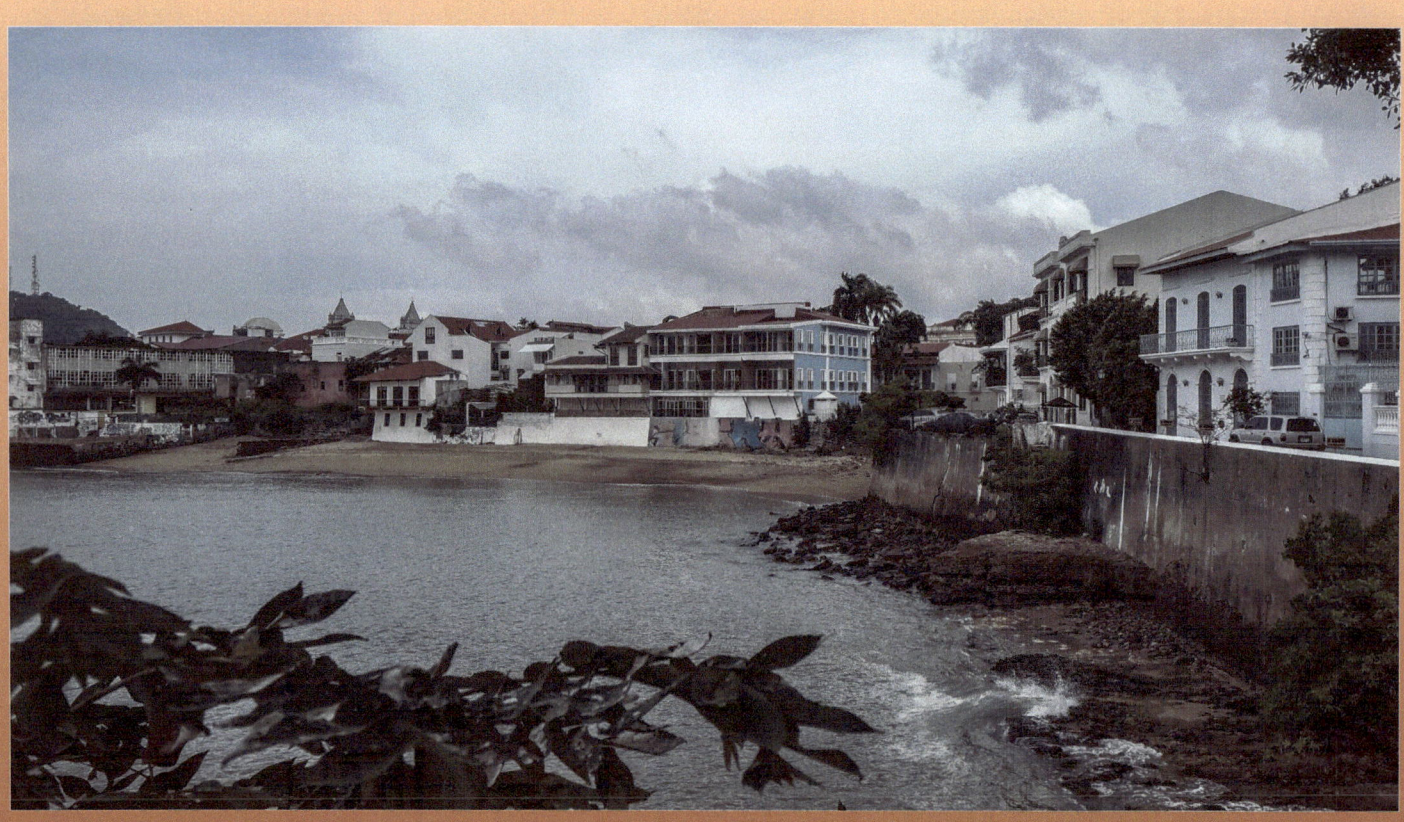

Ruins of the Jesuits College

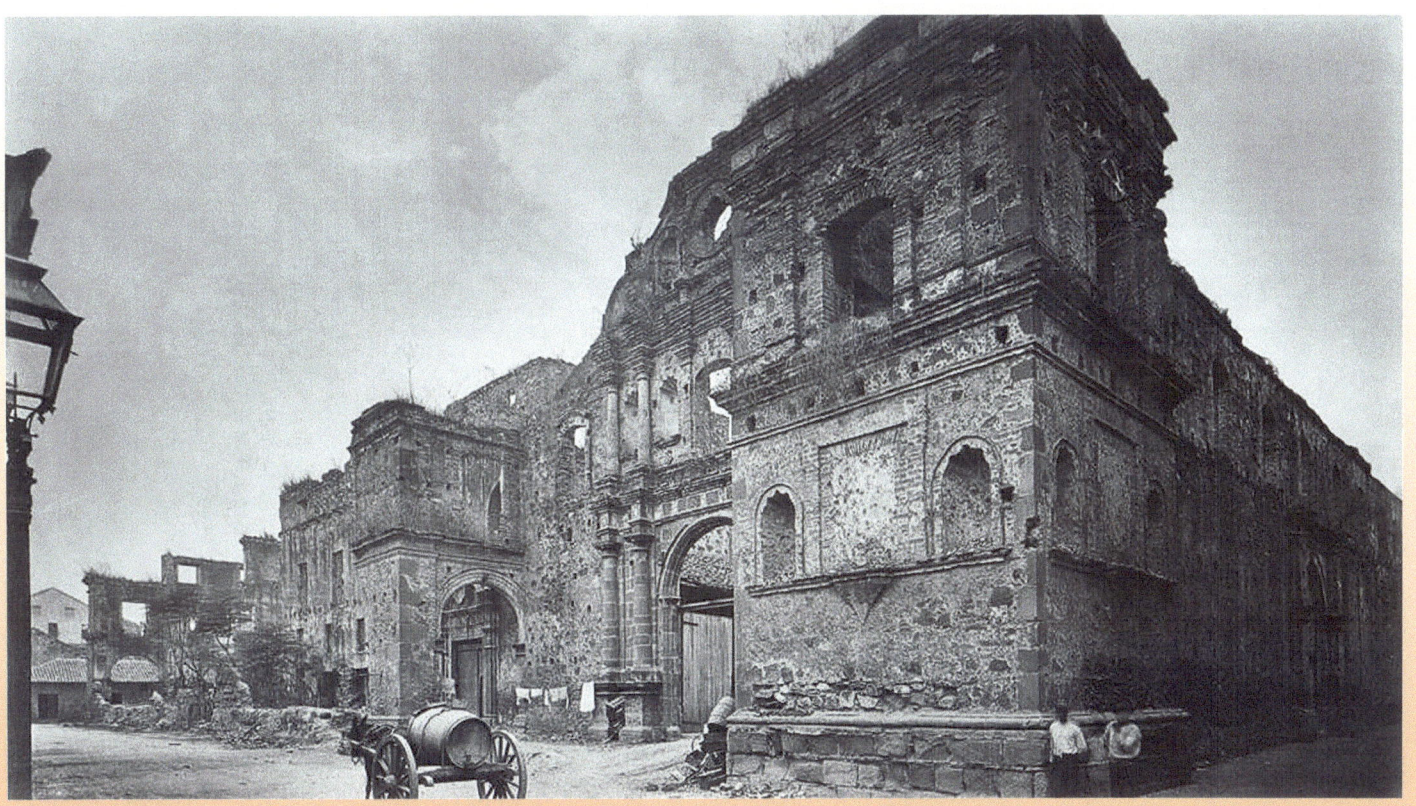

Ruinas de la Compañía de Jesús

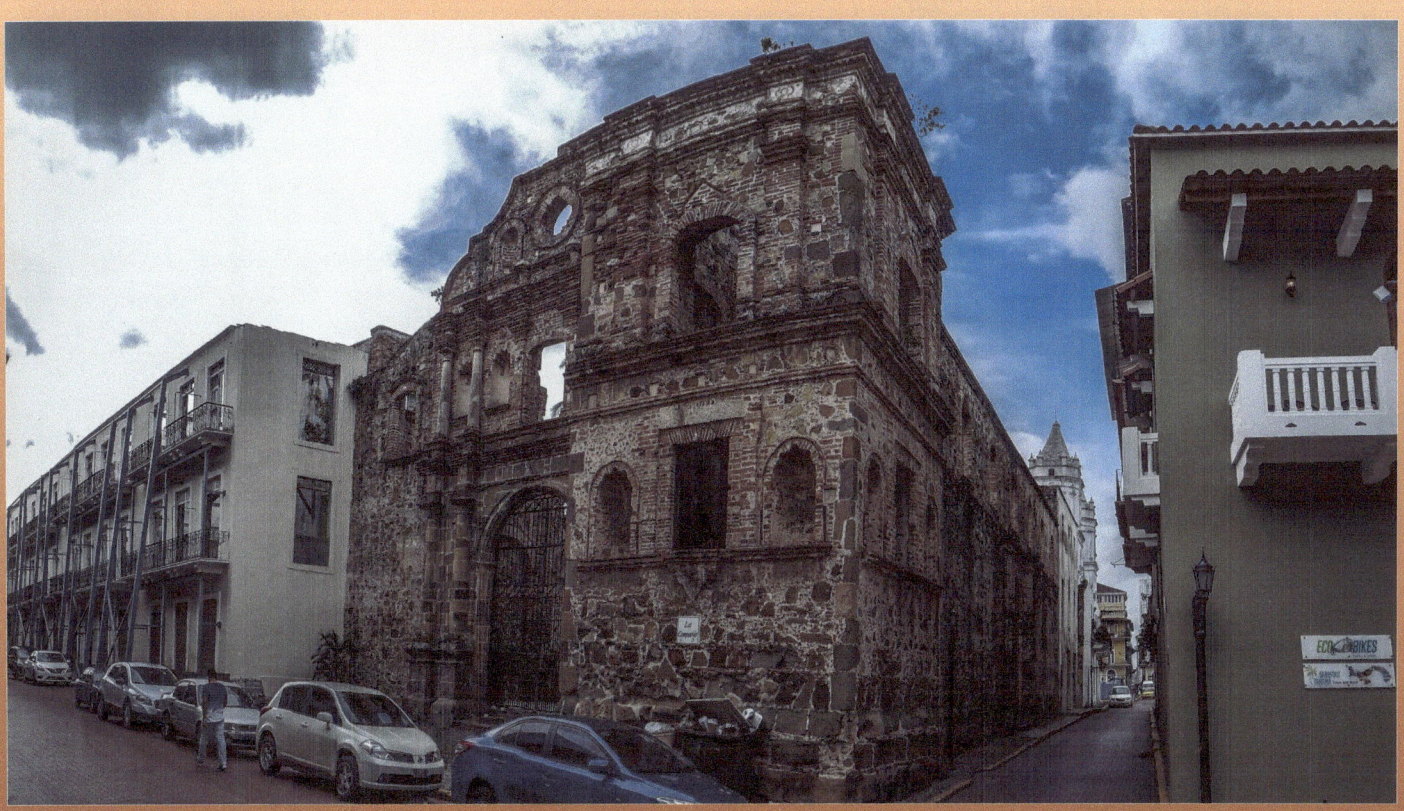

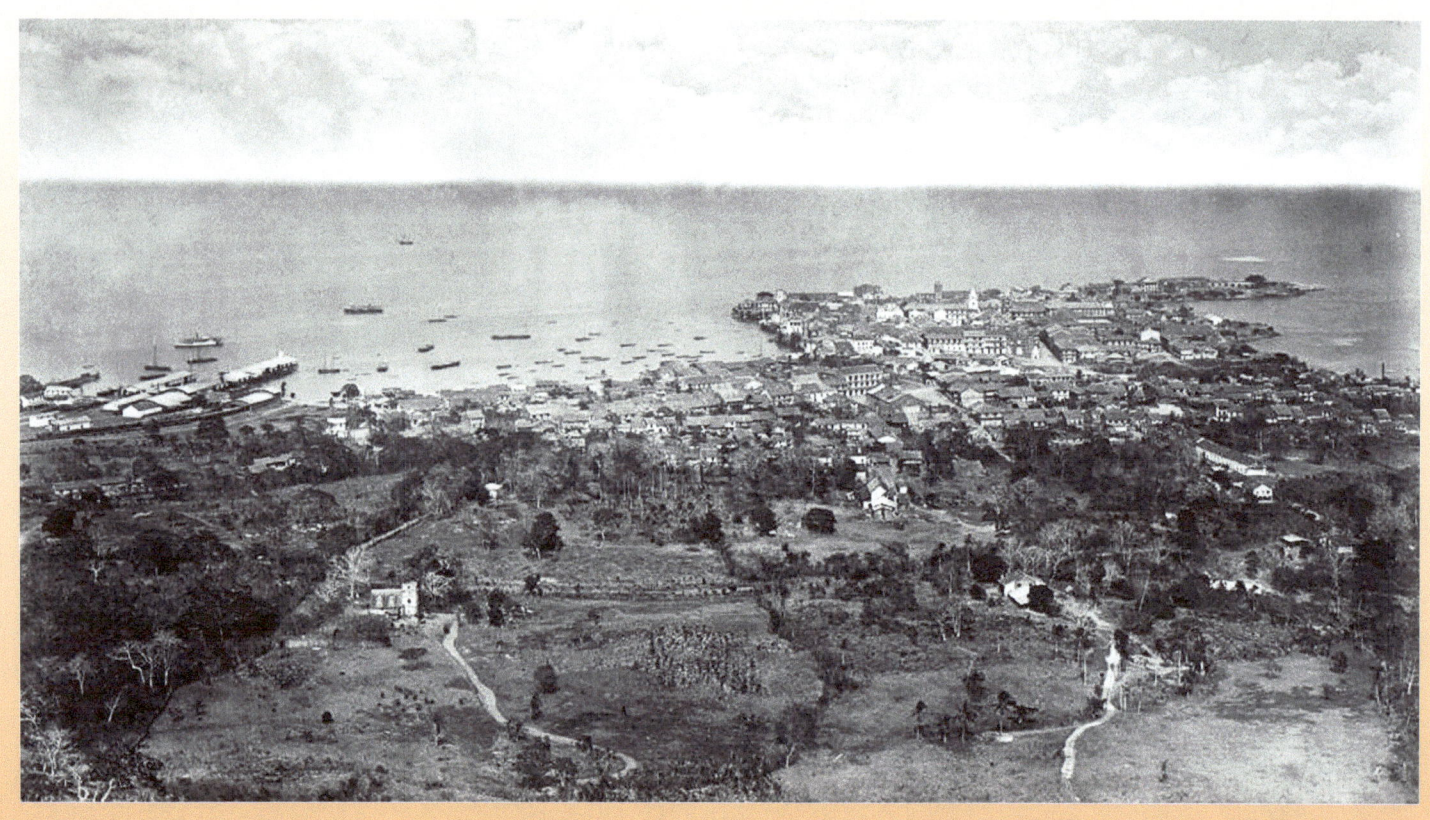

Casco Antiguo desde el cerro Ancón

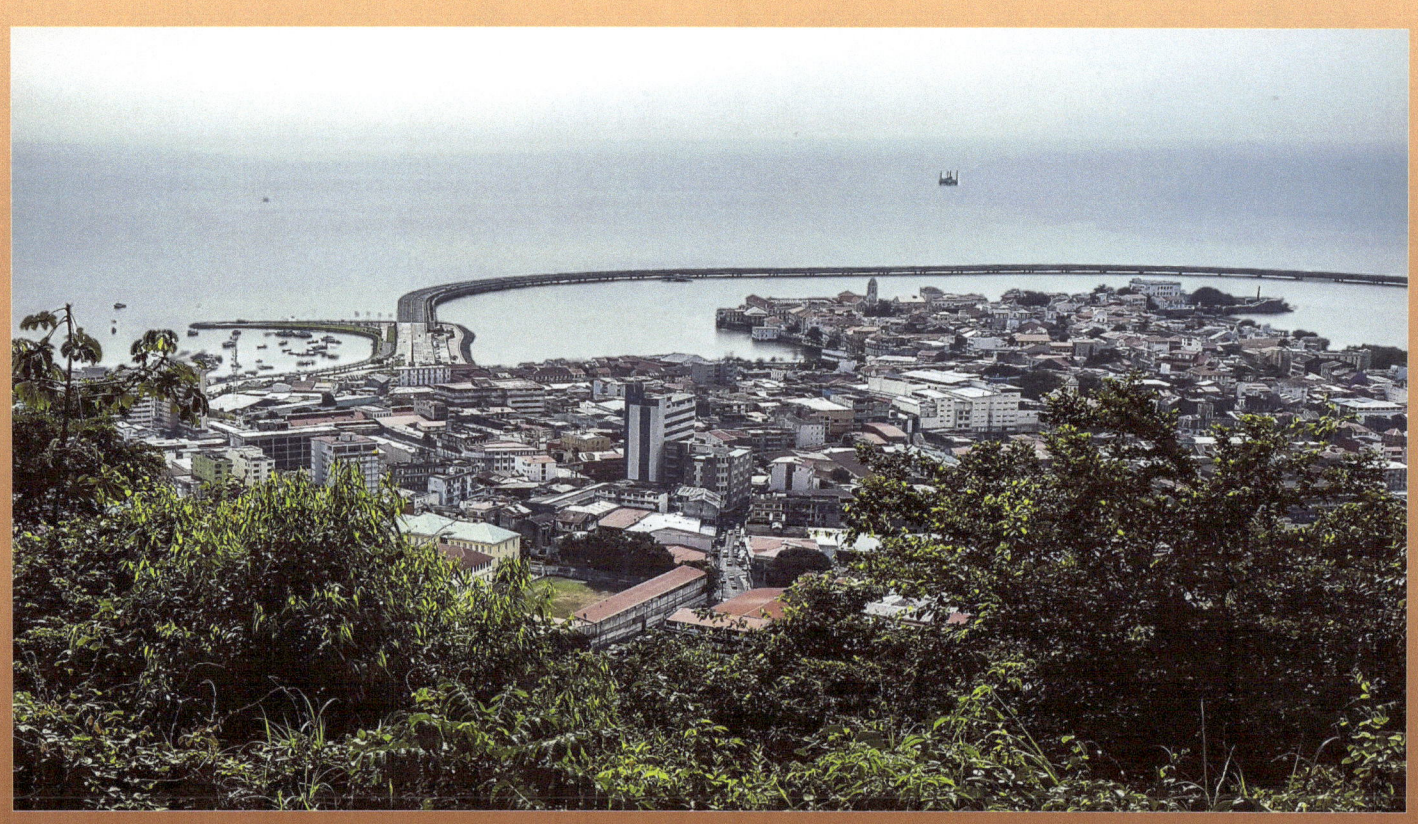

www.ingramcontent.com/pod-product-compliance
Lightning Source LLC
Chambersburg PA
CBHW050435180526
45159CB00006B/2542